묵상하는 삶

Seeing What Is Sacred

© 2006 by Ken Gire

Originally published in English as *Seeing What Is Sacred: Becoming More Spiritually Sensitive to the Everyday Moments of Life* by Thomas Nelson, Nashville, TN, U.S.A. All rights reserved.

This Korean translation edition © 2010 by Duranno Ministry, Seoul, Republic of Korea
Published by arrangement with Thomas Nelson, a division of HarperCollins Christian Publishing, Inc. through rMaeng2, Seoul, Republic of Korea

이 한국어판의 저작권은 알맹2 에이전시를 통하여 Thomas Nelson과 독점 계약한 두란노 서원에 있습니다.
신 저작권법에 의하여 한국 내에서 보호받는 저작물이므로 무단 전재와 무단 복제를 금합니다.

묵상하는 삶

지은이 | 켄 가이어
옮긴이 | 윤종석
초판 발행 | 2000. 2. 7.
개정 1쇄 발행 | 2011. 1. 13.
개정 38쇄 발행 | 2024. 11. 29.
등록번호 | 제1988-000080호
등록된 곳 | 서울특별시 용산구 서빙고로65길 38
발행처 | 사단법인 두란노서원
영업부 | 02)2078-3333 FAX | 080-749-3705
출판부 | 02)2078-3330

책값은 뒤표지에 있습니다.
ISBN 978-89-531-1326-8 03230

독자의 의견을 기다립니다.
tpress@duranno.com www.duranno.com

두란노서원은 바울 사도가 3차 전도 여행 때 에베소에서 성령 받은 제자들을 따로 세워 하나님의 말씀으로 양육하던 장소입니다. 사도행전 19장 8-20절의 정신에 따라 첫째 목회자를 돕는 사역과 평신도를 훈련시키는 사역, 둘째 세계선교™와 문서선교단행본·잡지 사역, 셋째 예수문화 및 경배와 찬양 사역, 그리고 가정·상담 사역 등을 감당하고 있습니다. 1980년 12월 22일에 창립된 두란노서원은 주님 오실 때까지 이 사역들을 계속할 것입니다.

묵상하는 삶

켄 가이어 지음 | 윤종석 옮김

두란노

"민감한 삶에 관한 한 켄은 대가(大家)이다. 순탄할 때도, 역경 중에도 그가 사는 모습을 지켜보았거니와 하나님의 음성을 듣는 기술에 관한 한 줄 것이 많은 사람이라 장담할 수 있다. 켄은 듣는 데만 대가가 아니라 전하는 데도 대가이다…. 예화와 비유와 깔끔한 표현의 자유로운 구사로, 듣고 배우는 일을 하나의 기쁨이 되게 하는 작가이다."

락 바텀리(Roc Bottomly)
오클라호마 주 에드먼드,
브리지웨이(Bridgeway) 교회

무한한 감사와 함께
이 책을 스콧 맨리에게 바친다.
책을 다 읽었을 때 독자들은
그 이유를 알게 될 것이다.

Seeing What Is Sacred

CONTENTS

머리말	9
1. 묵상하는 삶	15
2. 묵상하는 삶의 **씨앗**	45
3. 묵상하는 삶의 **토양**	57
4. 묵상하는 삶의 **수분**	69
5. 묵상하는 삶의 **경작**	83
6. 묵상하는 삶의 **성장**	127
7. 묵상하는 삶의 **열매**	195
8. 묵상하는 삶의 **추수**	207
9. 묵상하는 삶을 돕는 실제적 자료	217
주	275

머리말

아 도네 파사 미사 리에.
아 노운 미사 로.
마 릴텐 키네 아푸 위엔자.
이나 티에아 쉬에 도네 코메 티즈라.
이나 티에아 펠리스, 도네 코메 펠리스.

조디 포스터가 주연을 맡은 영화 〈넬(Nell)〉에 나오는 신비의 대사이다. 넬은 어머니가 죽은 뒤 산속에서 혼자 자라 바깥 세상을 거의 모르며 문명의 이기는 전혀 모른다.

전기나 수도나 냉장고도 모르고, 텔레비전이나 라디오나 영화도 모르고, 전쟁이나 정치나 스포츠나 패션도 모르고 숲 바깥의 세상은 전혀 모른다.

그러던 어느 날, 넬은 바깥 세상의 눈에 띈다. 선의의 관계자들은 넬을 친구이자 연구 대상으로 삼다 결국 숲 밖으로 데리고 나간다. 더욱 풍요롭고 온전한 삶을 살려면 바깥 세상을 알아야 한다고 생각한 것이다. 넬의 운명은 결국 열두 명의 배심원의 손에 달리게 된다. 양측 변호인단의 최종 진술이 끝나자 넬이 일어나 어렸을 때 배운 미숙한 언어로 배심원단 앞에 진술한다.

"요 하 에르나 레이—" 넬이 말한다.

"당신들은 큰 것을 가졌어요." 다른 여자가 통역한다.

"요 노운 에르나 레이—"

"당신들은 큰 것을 알아요."

넬은 자신과 배심원단 사이를 가로지르는 난간을 부여잡고 그들 쪽으로 몸을 기울인다.

"마 유 나이 신 이나 알로시즈—"

"하지만 당신들은 서로의 눈을 바라보지 않아요."

넬의 목소리에 힘이 들어간다.

"안 요 아켄 오바 릴타 릴트."

"그리고 당신들은 고요함에 굶주려 있어요."

배심원단의 얼굴에 기소(起訴) 의사가 비친다. 넬은 적절한 말을 찾느라 숨을 한 차례 들이쉰다.

"아 도네 파사 미사 리에—"

"내가 살아온 삶은 작은 삶이에요."

"아 노운 미사 로."

"아는 것도 작은 것들이구요."

넬은 배심원단에게서 눈을 돌려 판사의 눈을 쳐다보다 다시 방청석 사람들의 눈을 바라본다. 어떻게든 이해시키려는 마음 간절하다.

"마 릴텐 키네 아푸 위엔자—."

"하지만 고요한 숲에는 천사들이 모여 살아요."

"이나 티에아 쉬에 도네 코메 티즈라,"

"낮에는 아름다움이 있고,"

"이나 티에아 펠리스, 도네 코메 펠리스."

"밤에는 행복이 있어요."

넬이 말을 끊고 둥지에서 알을 주워담듯 다음 말을 고르는 사이 방청석의 모든 시선이 넬에게서 떠날 줄 모른다.

"나이 타타 포 넬."

"넬을 무서워하지 마세요."

"나이 키 포 넬."

"넬을 위해 울지 마세요."

"아 하이 나이 에르나 키난 유."

"당신들의 슬픔보다 더 큰 슬픔은 없어요."[1]

말도 어눌한 데다 숲에서 맨발로 자란 넬은 살아온 삶도 작은 것이었고 아는 것도 작은 것뿐이다. 주가(株價)나 휴대폰도 몰랐고, 노조 사태나 지도층 비리도 몰랐고, 우주의 신비나 현대 과학의 기적도 몰랐다.

그러나 밤에는 행복이 넘쳤고 낮에는 아름다움으로 충만했다. 넬은 주변 세상에서 뭔가 성스러움을 느끼며 살았다.

넬의 말이 맞다.

넬을 위해 울 일이 아니다. 우리 자신을 위해 울어야 한다. 큰 것을 가졌고 큰 것을 알되 우리의 밤은 불안으로 가득하고 낮은 고생에 찌들어 있다. 주변 숲에서도 나무밖에 보지 못한다.

우리는 큰 것을 가졌다. 대형 교회, 대중 매체, 세계 선교. 우리는 큰 것을 안다. 성경 교리, 교단 차이, 종말 시기.

그러나 우리는 서로의 눈을 바라보지 않는다.

그리고 고요함에 굶주려 있다.

주변 세상에서 성스러움을 볼 뿐 아니라 깊이 음미할 수 있는 그런 삶에 굶주려 있다. 참된 체험, 깊은 관계, 뜻 있는 일에 굶주려 허덕이고 있다.

우리가 갈망하는 삶은 광고에서 꿈인 양 부추기는 '멋진 인생'이 아니라 온전하고 넉넉하고 풍요로운 삶이라 믿는다. 그런 온전함에 들어서는 데 도움이 되는 것이 바로 묵상하는 삶이다.

묵상하는 삶이란 하나님께서 우리 안에서, 주변에서 하시는 일에 주목하고 수용하며 반응하는 삶이다. 결과가 기쁨이든 아픔이든 하나님께서 우리 심령을 찾아오사 만지실 수 있게 해드리는 삶이다. 주님 앞에 서기가 한없이 부끄럽고 무슨 말씀을 들을지 전혀 모를지라도 애써 발걸음을 돌려 그 옷자락을 잡는 삶이다. 그리하여 주님으로 하여금 고개 돌려 무리 중에서 우리를 부르시게 하는 삶이다. "믿음이 적은 자여" 하실지 "네 믿음이 너를 낫게 하였다" 하실지 전혀 모를지라도, "나를 따르라" 하실지 "나의 가는 곳에 너희는 올 수 없다" 하실지 전혀 모를지라도.

다 모를지라도 한 가지 확실한 것이 있다. 주님의 말씀은 생명의 말씀이다. 말씀에 주목하고 수용하며 반응하지 않으면 안 되는 이유가 여기 있다. 내용이 어떻고 듣기에 어떻고 우리 삶에 던지는 의미가 어떻든, 주님의 입에서 나오는 말씀은 우리 영혼에 생명을 준다.

말씀이 하나님과의 관계의 성장을 좌우한다.

묵상하는 삶이란 말씀을 받는 자세를 말한다.

1 묵상하는 삶

인생의 모퉁이에서 들려오는 속삭임, 미세한 부름이 있다. 알면서도 그냥 지나치는 풍성한 삶, 그 삶의 징후 같은 것이다. 날마다 외부의 짐에 숨가쁘게 쫓기는 것만으로도 피곤한 우리, 내면의 불안에 더욱 시달린다. 늘 정신없이 돌아가는 지금의 실존보다 훨씬 깊고 부요한 삶, 넉넉한 여유와 평화와 힘이 있는 그런 삶이 있음을 어렴풋이 알기 때문이다.[1]

토마스 켈리(Thomas Kelly),
「헌신의 약속(*A Testament of Devotion*)」

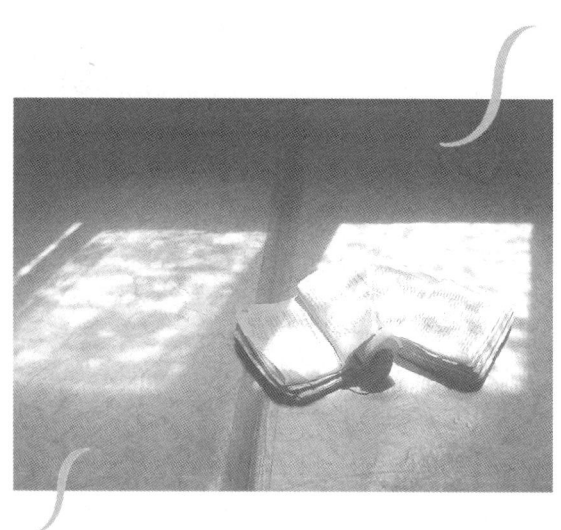

삶의 성스러움

> 삶이란 우리 자신의 재산이 아니라 하나님의 소유이다. 삶을 성스럽게 하는 것은 바로 하나님의 그 소유권이다.[1]
>
> 아브라함 헤쉘(Abraham Heschel),
> 「홀로 아닌 인간: 종교 철학(*Man Is Not Alone: A Philosophy of Religion*)」

모르는 사람에게 걸려 온 전화였다.

여자는 내가 쓴 어린이 책을 읽고서 혹시 내가 자기 원고를 봐 줄 수 있는지 알고 싶어했다. 여자는 줄거리를 대충 말해 주었다. 고생을 이겨내는 가족 이야기였다. 여자는 자기가 암으로 췌장을 절제했다는 얘기도 했다. 아직 어린 자녀들이 몇 있는데, 이번에 하나님께서 자기한테 그 아이들을 위해 책을 쓰게 하신 것 같다는 말도 했다. 나는 원고를 봐 주고 힘닿는 대로 돕겠다고 했다.

우편으로 도착한 원고를 읽고는 작업에 들어갔다. 여백에 소감을 쓰고 단어를 지우고 연결 부분에 말을 보태고 문단 순서를 바꾸는 등 내 원고를 손볼 때와 다를 바 없는 일이었다.

우리는 만나서 아침 식사를 함께 했다. 여자는 종이 뭉치가 든 가방을 들고 왔다. 나는 악필로 교정을 본 여자의 원고를 들고 갔다. 음식을 시키면서 여자의 건강에 대해 물었다. 여자는 암이 간으로 퍼져 의사들이 지켜보는 중이라고 했다. 이어 이런저런 얘기가 오갔다. 여자는 삼십대 중반으로, 아이들이 다 학교에 들어가서 글쓰기를 시작하기 좋은 시기인 것 같다고 말했다. 음식이 나오자 나는 원고를 꺼내, 한 페이지씩 분석에 들어가기 앞서 우선 첫인상을 얘기했다. 내가 여백의 메모를 읽자 여자는 열심히 들었다.

하도 열심히 듣는지라 여자가 주사기와 인슐린 병이 든 조그만 상자를 꺼내는 것조차 못 볼 뻔했다. 나의 아버지가 당뇨로 인슐린을 맞고 사셨기에 누차 보았던 것인데도 볼 때마다 나는 속이 약간 메스꺼웠다. 여자는 주사를 놓았고 나는 예의상 못 본 척하고 설명을 계속했다.

그러나 서서히 내 말에서 피가 빠져나가기 시작했다. 갈수록 빈혈 증세처럼 말에 기운이 빠졌다.

그제사 정신이 번뜩 들었다. 여자는 암으로 췌장을 떼어 냈고 지금은 암이 간으로까지 퍼졌다. 여자는 '죽어 가고 있다.' 죽어 가는 여자가 아이들한테 줄 유산으로, 뭔가 뒤에 남기고 갈 것으로 이 책을 쓰고 싶어한 것이다. 아이들 생계에 보탬이 되기 위해서인지 아니면… 단순히 한때 그들에게도 어머니가 있었다는 사실을 잊지 않게 하기 위해서인지.

그런데 나는 여자가 쓴 글에 비평이나 하는 몹쓸 짓을 하고 있었다. 이만저만 몹쓸 짓이 아니다. 이제라도 깨닫고 그만뒀으니 감사한 일이다. 나는 원고를 식탁에 내려놓았다. 글로 먹고 사는 전문 작가라는 사람이 도대체 어떻게 말문을 열어야 할지 막막하기만 했다.

"용서해 주십시오. 기분 상하게 해드리고 싶지는 않지만… 지금 '이런' 글을 쓰고 계실 때가 아닙니다." 나는 원고를 만지작거리며 말했다.

"지금은 아닙니다. 인생의 이 시점에서는 아닙니다."

나는 뭔가 더 말해야 할 것 같은 기분에 숨을 깊이 들이쉬었다. "제가 의사는 아니지만 지금 몸 상태가 아주, 아주 심각하십니다. 아이들 크는 것을 못 보시게 될 수도 있습니다."

여자의 눈에 눈물이 고였다. 나 역시 마찬가지였다.

다시 숨을 들이마셨다. "아이들의 삶에 어머니의 자리를 채워줄 사람은 아무도 없습니다. 남편께서 재혼하실지도 모르지만 아무도 어머니 자리는 대신하지 못합니다. 그 자리를 채우기 위해 아이들이 들어야 할 말이 있을 겁니다. 어머니만이 해줄 수 있는 말, 그 말을 쓰십시오. 고등학교 졸업할 때를 위해 아이들 앞으로 일일이 편지를 쓰십시오. 그들이 얼마나 자랑스러운 존재이며 그 자리에 함께 있지 못해 얼마나 안타까운지 말해 주십시오. 대학 갈 때 가지고 갈 수 있는 편지를 써 두십시오. 그리고 결혼할 때도."

그런 말을 하자니 가슴이 찢어지는 것 같았다.

듣는 여자도 가슴이 찢어지는 듯했다.

내가 해주려 했던 말도 아니고 여자가 들으려 했던 말도 아니다. 그러나 말하는 편에서 아무리 어렵고 듣는 편에서 아무리 힘들어도 그것이 하나님께서 원하신 말이라 나는 믿는다.

우리 이웃의 성스러움

그런 말을 나눌 수 있도록 우리 두 사람을 함께 있게 해준 것은 한 권의 책이었다.

책이란 어떤 면에서 저자와 독자의 연합을 가능케 하는 성찬식과 같은 것이다. 하얀 종이와 까만 잉크가 마음을 전하는 매체가 되는 것이다. 그러나 종이와 단어는 빵과 포도주에 지나지 않는다. 진정 성스러운 것은 책을 쓰는 이의 마음이요, 고요히 성찬식에 앉아 그 쓴 것을 취해 읽는 이의 마음이다.

읽는 글은 작은 빵조각 같은 것. 그러나 페이지를 넘기다 보면 하나님께서 낮아지사 그 글을 통해 독자의 심령을 만지실 때가 있다. 거룩한 것은 글이 아니라 거룩하신 하나님… 그리고 그분께서 찾아가시는 사람이다.

C. S. 루이스(C. S. Lewis)는 어느 설교에서, 오감으로 느끼는 것 중에서 성찬 다음으로 거룩한 것은 우리 이웃이라 말한 바

있다. 그러나 우리 대부분은 어쩌다 한 번씩 외에는 그런 거룩함을 망각한 채 살아간다. 앞의 그 아침 식사 같은 순간 외에는.

유대인 학자 아브라함 헤셸은 말했다. "인간 앞에 서 있을 때 느끼는, 느껴야 하는 경이는 인간의 본질에 숨어 있는 하나님의 형상을 직관하는 순간이다. 인간뿐 아니라 무생물도 창조주와 이어져 있다. 모든 존재의 비밀은 그 속에 쏟으시는 하나님의 사랑과 관심에 있다. 모든 사건에는 뭔가 성스러운 것이 담겨 있다."[2]

모든 사건에는
뭔가 성스러운 것이
담겨 있다.

정말 그렇다면 정신이 번쩍 드는 일이다. 정말 그렇다면 모든 것이 달라진다. 인생의 하루하루, 그 하루의 매순간이. 가족과 함께 하는 모든 저녁 식사가, 낯선 이와 나누는 모든 아침 식사가.

묵상의 한 순간, 성령은 내 주의를 끄시사 그 아침 식사에 뭔가 성스러운 것이 담겨 있음을 일깨워 주셨다. 그것은 원고가 아니었다. 그것은 한 사람의 인생이었고, 하나님께서 그녀가 사랑하는 이들의 삶 속에서 그녀의 인생을 어떻게 쓰시고자 하는가의 문제였다.

우리 삶의 성스러움

삶의 성스러움은 어느 헌책방에서의 묵상의 순간을 통해서도 내게 찾아왔다. 영화〈늑대와 춤을〉을 본 지 얼마 되지 않아서였다. 미국 인디언의 문화에 대한 내 관심을 자극한 영화였다. 헌책방 선반을 훑어보는 중 어니스트 톰슨 시튼(Ernest Thompson Seton)의 *The Gospel of the Redman*(인디언의 복음)이라는 얄팍한 책이 눈에 띄었다.

인디언들과 함께 살았던 백인이 쓴 책으로서 1장 첫 문단에 밝힌 것처럼 양쪽 문화에 대해 통찰력 있는 시각을 접할 수 있었다. "백인의 문화와 문명은 본질상 물질적인 것이다. 백인의 성공 기준은 '나를 위해 재산을 얼마나 모았느냐?' 이다. 인디언의 문화는 근본부터가 영적인 것이다. 인디언의 성공 기준은 '내 동족에게 얼마나 봉사를 베풀었는가?' 이다."[3]

아주 날카로운 분석이 아닌가 싶었다. 설득력도 강했다.

누렇게 빛 바랜 책장을 쭉 넘기다 두 문화의 차이를 보여 주는 한 예화에 눈길이 멎었다. 제목은 간단히 "양파 파는 노인"이었다.

멕시코시티의 대형 시장 그늘진 한 구석에 '포타라모'라는 인디언 노인이 있었다. 노인 앞에는 양파 스무 줄이 걸려 있었다.

시카고에서 온 미국인 한 명이 다가와 물었다.

"양파 한 줄에 얼맙니까?"

"10센트라오." 포타라모는 말했다.

"두 줄에는 얼맙니까?"

"20센트라오."

"세 줄에는요?"

"30센트라오."

그러자 미국인이 말했다. "별로 깎아 주시는 게 없군요. 25센트 어떻습니까?"

"안되오." 인디언이 말했다.

"스무 줄을 다 사면 얼맙니까?" 미국인이 물었다.

"스무 줄 전부는 팔 수 없소." 인디언이 대답했다.

"왜 못 파신다는 겁니까? 양파 팔러 나오신 것 아닙니까?" 미국인이 물었다.

그러자 인디언이 답했다. "아니오. 나는 지금 인생을 살러 여기 나와 있는 거요. 나는 이 시장을 사랑한다오. 북적대는 사람들을 사랑하고 서라피(멕시코 남자가 어깨에 걸치는 모포—역주)를 사랑한다오. 햇빛을 사랑하고 흔들리는 종려나무를 사랑한다오. 페드로와 루이스가 다가와 인사를 건네고… 자기 아이들이며 농작물 얘기를 하는 것을 사랑한다오. 친구들 보는 것을 사랑한다오. 그것이 내 삶이오. 바로 그걸 위해 하루 종일 여기 앉아 양파 스무 줄을 파는 거요. 한 사람한테 몽땅 팔면 내 하루는 그걸로 끝이오. 사랑하는 내 삶을 잃어버리는 것이오. 그렇

게는 할 수 없다오."⁴⁾

이 이야기에 대해, 돈벌이보다 더불어 사는 이들을 중시하는 삶에 대해 나는 많은 것을 생각해 봤다. 내가 살고 있는 것보다 더 기독교적인 삶의 방식 같았다.

다시 책장을 넘기자 "매일의 예배"라는 제목이 붙은 부분이 나왔다. 설득력이 한층 더했다. 수(Sioux)족 인디언 오히에사가 한 말이다. "인디언의 삶에는 꼭 한 가지 피할 수 없는 의무가 있다. 기도의 의무, 매일 신(神)을 찾아 뵙는 의무이다. 매일의 예배는 날마다 먹는 양식보다 더 필수적인 것이다. 인디언은 동틀 무렵 일어나 모카신(moccasin—북미 인디언이 신는 밑이 평평한 노루 가죽 신)을 신고 물가로 내려간다. 그리고 차고 깨끗한 물을 얼굴에 한 움큼 끼얹거나 아예 전신을 물에 담근다. 목욕 후에는 밝아 오는 여명, 지평선 위로 춤추는 태양을 향해 똑바로 서 침묵의 기도를 드린다. 이 예배는 동료간에도 서로 먼저 가거나 뒤따르거나 해야지, 같이 가는 법은 결코 없다. 아침의 태양, 신선한 대지, 위대한 침묵의 신을 영혼마다 단독으로 만나야 하는 것이다."⁵⁾

이 부분을 읽고 나서 내 인생에 대해 생각해 봤다. 날마다 아침 햇살을 어떻게 맞이하고 있고, 내 인생의 피할 수 없는 한 가지 의무는 무엇이며, 매일의 예배는 내게 얼마나 절실한 것인지 묵상해 보았다. 인디언이 훨씬 문명인이고 내가 훨씬 원시인인 것 같았다.

짧은 묵상의 순간, 하나님께서 내 주의를 기울이도록 하신 그 책은 인생 전반에 대해서, 그리고 나 자신의 삶에 대해서 오래오래 많은 것을 생각하게 해주었다.

우리에게 주어진 삶은 돈으로 사고 팔 수 있는 것이 아니다. 그것은 선물이다. 야고보는 말한다. "각양 좋은 은사와 온전한 선물이 다 위로부터 빛들의 아버지께로서 내려오나니 그는 변함도 없으시고 회전하는 그림자도 없으시니라"(약 1:17). 우리의 하루가 진정 하나님의 선물이라면, 그 선물을 주신 분의 모습이 그 선물 속에서 조금이라도 보여야 한다.

아브라함 헤셸은 말했다. "만물과 만사에는 특유의 투명성이 있다. 세상은 들여다보인다. 하나님을 완전히 가릴 수 있는 막은 없다. 경건한 사람은 만물의 겉모습 속에서 하나님의 흔적을 볼 줄 알며, 그의 인생에 대한 태도는 희망에 찬 외경이다."[6]

잠에서 깨어나 그날 하루에 주어진 수많은 선물을 뜯어 보기는커녕 아예 뜯어 볼 선물이 있다는 사실조차 모르고 지나간다면 너무나 큰 것을 잃는 것이다. 잠에서 깨어나는 순간은 나에게 또 하루가 주어졌다는 것을 '얼굴에 찬물을 끼얹듯' 깨닫는 시간이 되어야 한다. '나'에게 말이다. 그 하루의 선물이 허락되지 않은 이들도 있다. 태양이 떠올라도 그들은 그 빛과 아름다움과 축복에 영원히 눈뜨지 못한다. 그런데 나에게는 어떤 이유에서든 또 하루가 주어졌다. 선물을 주고받을 수 있는 하루. 사랑을 주고받을 수 있는 하루. 매순간 하나님을 맞이하고 또 매순간 하나님께서 나를 맞아 주실 그 하루.

하나님의 자비가 또 하루의 선물과 함께 우리 앞에 밝아 오는 새 아침마다 우리는 희망에 찬 경외의 태도로 하루를 맞아야 한다. 무릎 꿇고 성찬을 받는 이처럼. 새 하루는 진정 성찬이기에.

하나님과의 연합의 성스러움

내 어린 시절 성찬은 땅콩 버터와 젤리, 과자와 우유, 그리고 설탕빵이었다.

설탕빵을 받는 일은 오후 한때의 의식이었다. 여름철 칸막이 문이 활짝 열렸다가 '쾅' 하고 닫힌다. 맨발의 소년이 놀다가 뛰어들어와 갑자기 출출해진 배를 움켜쥐고 먹을 것을 내노라 한다. 앞치마를 두른 어머니는 잠시 일손을 놓고 숨넘어가는 아들에게 맛좋은 간식을 만들어 준다.

설탕빵은 흰빵 한 조각에 마가린을 얇게 바른 뒤 설탕을 뿌린 것이다. 부드럽고 달콤한 그 빵은 맨빵보다 훨씬 깊은 굶주림까지 채워 주었다. 사랑 없이 굽는 빵은 영양이 반이라 했다. 설탕빵의 나머지 반은 거기 딸려 온 사랑이었다. 머리를 쓰다듬는 손길과 미소가 함께 있어서인지 속이 훨씬 든든했다.

놀기 바쁜 아이였을 때도 나는 그 빵의 힘으로 하루를 났다.

일하기 바쁜 성인이 된 지금도 그 빵의 힘으로 산다. 다만 지금은 설탕빵이 아니다. 설탕빵에 대한 추억이다. 누군가 나를 정성스레 챙겨 주던 사람이 있었다는 추억. 누군가 나를 돌봐 주고 사랑해 준 사람이 있었다는 추억.

성찬이란 평범한 것이로되 비범한 것의 전달 통로가 된다. 평범한 떨기나무가 하나님의 영광으로 불붙는다. 지상의 돌판에 천상의 손으로 글씨가 새겨진다. 하나님의 말씀이 육신이 되어 우리 가운데 거하신다.

거실 의자에 편안히 파묻혀 앉아 그 옛날 성경 기사들을 읽노라면 하나님의 음성의 메아리가 어렵잖게 들려 온다. 그러나 그분의 말씀을 지금도 들을 수 있을까? 모세나 다윗이 아닌 '나'에게 주시는 말씀을?

매일 매순간 그분의 말씀을 기대하며 살아야 할까? 그냥 과거의 웅장한 메아리로 족해야 할까?

만일 하나님께서 지금도 말씀하신다면, 그 중에는 우리에게 주시는 말씀도 있으리라. 우리 삶의 오후 한때 굶주림을 채우시려—어쩌면 굶주림을 일깨우시려—하늘의 빵 조각을 베푸시는 것이리라.

인간의 손을 통해 우리에게 전해진 하늘의 선물.

성찬처럼 우리 손에 들려져,

우리를 돌봐 주고 사랑하는 분이 계심을 일러준다.

성스러움을 보려면 걸음을 늦춰야 한다

> " 하나님께 자신을 드린 이들의 삶은 언제나 신비롭다. 특별할 것이 전혀 없는 지극히 평범하고 당연하고 우연한 일 속에서도 특별한 기적의 선물을 받는 것이다. 한없이 단순한 설교, 평범하기 짝이 없는 대화, 박학과는 거리가 먼 책, 이런 것들이 그들에게는 하나님의 뜻하심에 힘입어 지식과 지혜의 원천이 된다. 그들이 똑똑한 사람들의 발에 밟히는 부스러기까지 정성 들여 줍는 이유가 거기 있다. 그들에게는 모든 것이 소중하며 양분의 원천이 되기 때문이다.[1] "
>
> 장 피에르 드 코사드(Jean-Pierre de Caussade),
> 「바로 지금 이 순간의 성례(*The Sacrament of the Present Moment*)」

성스러움이란 다분히 우리 일상의 평범한 순간 속에 숨어 있다. 일상의 순간 속에서 성스러운 것을 보려면 걸음을 늦추고 더욱 묵상하는 삶을 살아야 한다.

묵상과 반추를 뜻하는 'reflect'라는 말은 라틴어의 두 단어에서 왔다. re는 '뒤로'라는 말이고 flectere는 '굽히다'는 뜻이다. 그러므로 묵상이란, 마치 거울이 영상을 되받아 좀더 자세히 볼 수 있는 기회를 주듯 뭔가를 되돌아보는 것을 뜻한다. 묵상하는 삶은 하루 중 사물과 사람과 자신과 하나님을 좀더 자세히 볼 수 있는 기회를 갖게 한다. 삶의 속도가 빠를수록 그런 기회를 놓치는 일이 많아질 것이다.

로키 산맥과 평행을 그리는 우리 집 근처 25번 고속도로의 제한 속도는 시속 120km, 차량의 물결 속에서 속도를 늦추기란 쉽지 않다. 고속도로를 달릴 때 대개는 멍하니 앞만 바라보고 가지만, 산 너머 지는 해의 남은 조각이 시선을 붙들어 속도를 늦추지 않을 수 없는 날이 있다. 날마다 지나는 낯익은 곳일지 모르나 '이' 날만은 뭔가 다르다. 구름을 비집고 맨살 바위에 떨어지는 햇살이며, 미루나무의 자태며, 평범한 초원이 끝내 길가에 차를 세우고 그 모든 광경을 빨아들이지 않을 수 없게 한다.

그 길에서 나는 시스틴 성당의 천장 같은 하늘로 부챗살 모양 가득 퍼져 나가는 햇살을 보았다. 밤하늘에 곡선을 긋는 유성이 어찌나 눈부시던지 그 쏟아져 내리는 불꽃을 생생히 본 적도 있다. 나뭇가지에 얼어붙은 눈이 하도 신비로워 마치 옷장 벽을 뚫고 나르나이아(Narnia)에 와 있는 듯한 기분에 젖을 때도 있었다. 온 하늘을 수놓은 쌍무지개를 보며 한 순간 오즈(Oz)의 나라로 휩쓸려 온 듯한 착각에 빠질 때도 있었다.

영혼의 삶에도 그런 순간들이 있어야 하지 않을까. "모든 인간의 삶에는 기지(旣知)의 수평에 막이 올라 영원한 세계가 열리는 순간이 있다. 어떤 이들에게는 그런 순간이 무심코 지나쳐 잊혀지고 마는 유성 같은 것이지만, 어떤 이들에게는 영원히 꺼지지 않는 불꽃이 된다."[2] 아브라함 헤셸의 말이다.

나에게 그런 순간이 있기를 바라듯 여러분에게도 그런 순간이 있기를 바란다. 어린아이가 오즈와 나르나이아를 바라듯 그렇게 바란다. 우리 모두 가슴에 품고 있는 천국의 은밀한 소망으로. 그러나 그런 순간을 보려면 걸음을 늦추어야 한다. 그리고 속으로 빨아들이려면 완전히 멈추어야 한다.

인간의 삶의 성스러움

걸음을 늦추고 멈추어 삶을 묵상하게 하는 것들이 많이 있다. 때로 전화 한 통이 계기가 될 수도 있다. 이 전화도 낯선 사람한테서 걸려 온 것이었다. 그때 나는 직장에 있었다. 여자는 간단히 자신을 소개한 뒤 내 책을 펴내는 출판사 일로 전화하는 것이라 했다.

"죄송하지만 안 좋은 일입니다." 여자는 말했다.

'내 책이 절판되는구나.' 다음 말이 나오기 일 초 전도 안되는 사이에 스친 생각이다.

여자의 다음 말은 이랬다. "선생님 책의 편집자인 니아 존스가 교통 사고로 죽었습니다."

여자가 사건의 내막으로 내 침묵을 메우는 사이 나는 두 눈을 감은 채 깊은 충격에 빠져 있었다. "어제 건축 공사장 근처를 지나는데 커다란 불도저가 차 앞쪽을 들이받아 니아는 그 자리에서 압사했고 뒷자리에 벨트를 매고 앉아 있던 다섯 살짜리 아들은 다친 데 없이 구출되었습니다."

니아는 「주님과 만나는 기쁨(Intimate Moments with the Savior)」, Incredible Moments with the Savior(주님과 놀라운 순간), The Gift of Remembrance(추억의 선물)를 펴내는 동안 내 책의 편집자였다. 전화와 서신으로 일했을 뿐 한 번도 만난 일은 없고 어떻게 생겼는지도 몰랐다. 니아에게서 전화가 올 때마다 우리는 편집 문제, 책 문제 등 주로 일과 관련된 이야기를 나누었다. 하지만 가끔 살아가는 이야기를 할 때도 있었다.

니아는 자기 아이들 얘기를 했었다. 나도 우리 아이들 얘기를 했다. 니아는 교직으로 다시 돌아가 여름 방학을 이용해 아이들과 더 많은 시간을 보내고 싶은 마음 간절하다고 했다. 사고 열흘 전, 바로 그 소원을 이루기 위해 출판사를 그만두었다. 사고가 났을 때는 마지막 월급을 찾으러 가던 길이었다.

전화를 끊고 20분쯤 울었다. 편집 비서에게 일을 넘기고 사연을 말한 뒤 조퇴하겠다고 했다. 집에 오자 딸 그레첸이 맞아 주었다. 왜 이렇게 일찍 왔느냐고 물었다. 나는 딸아이를 꼭 끌어안은 채 울며 얘기해 주었다. 침실로 가 천장만 바라보며 침대에 누워 있자니 얼굴에 뜨거운 눈물이 흘러내렸다. 거기 누워 참으로 많은 것을 생각했다. 니아는 함께 일하기에 얼마나 마음이 잘 통하는 사람이었던가. 자기 일에 얼마나 탁월한 사람이었던가. 내 책들을 얼마나 자랑스럽게 여겨 주었던가. 그래 봐야 자기한테 돌아온 공로도 없고 노동자 급료가 고작이었다. 그러나 니아에게 그것은 중요하지 않았다. 중요한 것은 좋은 작품이었다. 그때 처음 깨달았다. 니아가 섬기는 자였음을… 참으로 섬기는 자였음을.

나는 비행기를 타고 장례식이 열리는 미시간으로 갔다. 가서 지방 신문을 보니 1면에 사건 기사와 함께 니아의 쭈그러진 차에 올라탄 육중한 불도저 사진이 실려 있었다. 장례식에서 나는 고인의 직장 동료들과 남편과 어린 자녀들을 만났다. 도저히 슬픔을 가눌 길이 없었다.

니아는 너무 젊었다. 살아야 할 이유가 너무 많았다. 아이들과 더 많은 시간을 보내겠다는 그 소중한 이유로 직장을 그만두던 중이었다. 그런데 경고도 없이 날벼락처럼, 아이들과 보낼 그 시간이 때 이른 종말이 되다니.

솔로몬은 말했다. "초상집에 가는 것이 잔칫집에 가는 것보다 나으니 모든 사람의 결국이 이와 같이 됨이라… 지혜자의 마음은 초상집에 있으되"(전 7:2-4). 장례식이 내 일정에 가져다준 그 멈춤의 시간은 니아의 인생뿐 아니라 나 자신의 인생에 대해 묵상해 볼 수 있는 충분한 시간이 되었다.

나는 니아를 편집자로만 알았지만, 니아는 훨씬 그 이상의 존재였다. 한 사람의 아내였고 아이들의 어머니였으며, 동기간에는 한 자매였고 부모에게는 딸이었다. 직장의 빈자리는 남이 대신할 수 있지만 남기고 간 사람들의 마음속 빈자리는 누가 채운단 말인가?

책 한 권 절판되는 것은 세상에 큰 손실이 아니다. 그러나 한 어머니가 죽으면 누군가 완전히 딴 세상을 살게 된다. 시간을 떼서 장례식에 참석함은 곧 걸음을 멈추고 그 상실을 존중하는 일이다. 인생에 정말 중요한 것이 무엇인지 새삼 확인하는 곳이 바로 거기 초상집이다. 그런 순간을 통해 우리는 정작 중요한 것은 우리가 하는 일이 아님을 알게 된다. 정말 중요한 것은 함께 일하는 사람들이다. 그들을 통해 우리의 삶 속에 이루시는 하나님의 일이다. 우리를 통해 그들의 삶 속에 이루시는 하나님의 일이다. 그것이 성스러운 것이다. 그것을 알아보려면 걸음을 늦추고 멈춰야 한다.

모든 생명의 성스러움

생생한 사례를 대니얼 데이-루이스 주연의 영화 〈모히칸족의 최후(The Last of the Mohicans)〉 첫 장면에서 찾아볼 수 있다. 루이스가 두 명의 인디언과 함께 손에 머스킷 총을 들고 울창한 숲속을 달리고 있다. 달음질에 보조를 맞추어 음악이 점점 빨라진다. 이들이 뭘 쫓고 있는지 아직 몰라도 관객은 그 추적의 흥분에 빨려 든다. 잠시 후 숲속을 질주하는 거대한 고라니 한 마리가 보인다. 루이스는 걸음을 멈추고 고라니를 시야에 넣은 뒤 방아쇠를 당긴다.

그 순간 영화 제작자는 무의식에 가까운 치밀한 기법을 사용한다. 총성이 울리고 1, 2초 동안 영화 속도가 느려진다. 위험천만의 초고속 사냥이 갑자기 정지된다. 음악도 멎는다. 세 사람은 가만히 서 있다가 천천히 고라니가 쓰러져 있는 골짜기로 내려간다. 그리고는 동물 몇 미터 앞에서 걸음을 멈춘다. 나이 든 인디언이 기도한다. "형제여, 그대를 죽임을 사죄하노라." 잠시 숨을 고른 뒤 말을 잇는다. "그대의 용기와 속도와 힘에 경탄을 보내노라." 다른 인디언이 무릎을 꿇는다. 숲으로 새어 들어오는 빛에 그 얼굴의 슬픔이 잡힌다. 그는 눈물을 훔치듯 한 손을 뺨으로 가져간다.

생명의 성스러움에 대한 의식이 가득한 장면이다. 아무도 웃거나 농지거리를 하거나 박수를 치지 않는다. 아무도 추적의 흥분이나 정확한 사격이나 사냥물의 크기를 두고 떠벌이지 않는다. 다른 생명의 유지를 위해 한 생명이 희생되었다. 필요한 손실이었음에도 모두가 상실감을 느끼며 애도하며 예우를 다하고 있다.

성경에 따르면 인간이 처음부터 동물을 먹고 산 것은 아니다. 육식이 허용된 것은 홍수 후의 일이다.

> 하나님이 노아와 그 아들들에게 복을 주시며 그들에게 이르시되 생육하고 번성하여 땅에 충만하라 땅의 모든 짐승과 공중의 모든

새와 땅에 기는 모든 것과 바다의 모든 고기가 너희를 두려워하며 너희를 무서워하리니 이들은 너희 손에 붙이었음이라 무릇 산 동물은 너희의 식물이 될지라 채소같이 내가 이것을 다 너희에게 주노라(창 9:1-3).

노아와 그 아들들이 처음 동물을 잡아, 처음 가죽을 벗겨, 처음 씻어, 처음 먹을 때 그 심정이 어땠을까. 자신들의 생명을 유지하기 위해 무죄한 동물의 생명을 취하는 기분이 어땠을까. 〈모히칸족의 최후〉 첫 장면을 생각해 본다. 인디언들이 우리보다 그 심정에 더 가까운 것 같다.

그 사건의 시기는 1757년, 장소는 북미. 그 후로 200년 넘는 세월이 흘러갔다. 모히칸족의 최후도 흘러갔다. 이로쿼이족(Iroquois)도. 수족도. 다른 족속들도. 우리 주변의 모든 만물에 단순히 인정 정도가 아니라 경외를 요하는 영원히 소중한 뭔가가 있다는 의식, 그것도 흘러가고 말았다.

우리 중에 장바구니에 쇠고기를 담으며, 인디언들과 비슷한 차원의 슬픔은 고사하고 자신을 위해 치러진 희생을 생각이나 해보는 사람이 누가 있겠는가?

원시의 인디언은 성스러운 것과 맞닿아 있었던 것 같다. 문명인인 우리는 동떨어져 있는 것 같다. 그 차이의 원인은 아마도 세상을 대하는 우리의 방식에 있을 것이다. 우리는 세상을 객관화할 수도 있고 성화(聖化)할 수도 있다. 객관화한다는 것은 세상과 그 안에 있는 모든 것을 우리의 소용 가치를 위해서만 존재하는 것으로 보는 것이다. 그 소용 가치가 쾌락이든 수익이든 애국심이든. 성화한다는 것은 세상과 그 안에 있는 모든 것을 존중하는 마음으로 보는 것이다. 그럴 때 우리는 세상을 단순한 대상이 아니라 하나님께 지음받은 대상으로 인식하게 된다. 예술 작품에 작가와 작가의 마음에 소중한 것이 담겨 있는 것처럼, 하나님과 그분 마음에 소중한 것을 보여 주는 존재로 보는 것이다.

상대가 인간이든 동물이든 사물이든, 조작이란 취하는 쪽의 오만에서 비롯된다. 반면, 존중이란 돌보는 자의 겸손에서 시작된다. 세상을 보는 두 가지 방식 중 하나님의 형상을 닮은 것은 돌보는 자 쪽이다. 하나님은 나라의 설립부터 참새의 추락까지 당신께서 지으신 세상을 돌보시는 분이기 때문이다. 우리 인생의 날 수부터 머리카락 수까지 세상 만물이 그분의 돌보시는 섭리의 눈빛 아래 있다. 그런 관점으로 세상을 보면 마음속에 경외의 반응이 우러나게 되어 있다. 경외의 상실은 심각한 결과를 낳는다. "자만에 젖어 경외의 능력을 잃으면 우주는 한낱 시장(市場)이 되고 만다."[3] 아브라함 헤셸의 말이다.

미국에 건너온 많은 이들에게 신천지는 과연 그것이 되고 말았다. 시장. 취하는 땅. 버팔로 가죽. 금광. 모든 것이 있었다. 그저 취하기만 하면 됐다. 그렇다면 착취당하는 대상은? 인디언이었다. 그들은 인디언을 동물보다 나을 것 없는 존재로 여겼고,

인디언 시체의 머리 가죽을 사냥에서 얻은 사슴뿔만큼도 치지 않았다. 17세기 어느 청교도의 묘비에서 이런 글귀를 대하는 것도 놀랄 일이 못된다.

린 S. 러브의 묘

생전에 주님께서 그 손에 붙이신 98명의 인디언을 죽이다.
뉴욕 주 자택에서 예수님의 품안에 잠들 때
연말까지 100명을 채우는 것이 꿈이었다.[4]

예수님을 주님이라 부르는 이들이 이런 일을 자랑삼는 것이 상상이 안된다. 일부 그리스도인들이 보란 듯 노예를 소유하고, 보란 듯 여성을 차별하고, 보란 듯 유대인을 핍박한 것이 상상이 안되듯. 그러나 엄연한 사실이다. 그들은 마치 일용품이라도 되는 양 인디언을 사고 팔고 써먹고 버렸다.

"인체에는 비누 일곱 장분의 지방과 중못 하나 만들 만한 철분과 성냥개비 2,000개분의 인과 한 사람 몸에서 벼룩을 퇴치할 정도의 황이 들어 있다."[5] 나치 이전 독일에 흔히 나돌던 말이다. 비누 재료든 노예든 인간을 무슨 용도로 써먹든 나치는 인간의 성스러움을 물리적 성분으로 격하하여 자신들의 행위를 정당화했다. 전쟁 중 히믈러(Himmler)는 친위대 장군들에게 이렇게 말했다. "다른 나라들이야 잘살든 굶어 죽든 나는 그들이 우리 문화를 위한 노예로 필요하다는 사실에만 관심이 있다.…

묵상하는 삶 37

만 명의 러시아 여자가 대전차 참호를 파다 탈진해 쓰러지든 말든 나는 독일의 대전차 참호가 완성되는 것에만 관심있을 뿐이다."6)

여러분과 나는 물리적 성분 이상의 가치가 있다. 우리에게는 사용 가치 이상의 것이 있다. 사람들이 보는 표면 이상의 것이 있다.

"나는 동물이 아닙니다." 영화 〈엘리펀트 맨(The Elephant Man)〉에서 존 머릭은 울부짖었다. 런던의 한 기차역에서 그를 뒤쫓아 화장실 안에 몰아넣은 폭력단은 그의 몸의 괴기한 기형 밖에 보지 못했다. 그러나 그의 속에는 뭔가 이렇게 항변하는 것이 있었다.

"나는 동물이 아닙니다. 나는… 사람…입니다."

인간 영혼의 울부짖음이다. 우리도 다 언젠가 그렇게 울부짖은 적이 있다. 나는 종업원이 '아니다.' 나는 하녀가 '아니다.' 나는 식권(食券)이 '아니다.' 나는 섹스 상대가 '아니다.' 나는 운동 선수가 '아니다.'

나는 동물이 '아니다.'

나는… 사람…이다.

나는 가슴과 영혼과 마음이 있다. 희망과 꿈과 감정이 있다. 나는 하나님의 형상대로 지음받았다. 그분은 내 이름을 아시고 내 기도를 들으시며 나를 사랑하신다. 그분도 나를 향해 희망과 꿈과 감정을 갖고 계시다.

어린이의 삶의 성스러움

어느 날 저녁, 내 딸에게서 그런 울부짖음을 들었다. 딸은 친구 집에서 가진 모임에 다녀오는 길이었다. 학교 아이들이 수퍼볼(프로 미식축구 최종 결승—역주)을 보러 모인 자리였다. 대문이 잠겨 있어서 딸은 초인종을 눌렀다. 문을 열어 주는데 머리 꼭대기부터 발끝까지 슬픔에 차 있음을 대번 알 수 있었다.

"모임 어땠어?" 내가 물었다.

"좋았어요." 딸이 눈을 내리깔고 대답했다.

"너 괜찮니?" 내가 물었다. 딸은 고개를 끄덕였다. "정말?" 그러자 다시 고개를 끄덕인 뒤 아래층 자기 방으로 갔다.

겉모습만 보고도 속에 상처가 있음을 알 수 있었다. 말하고 싶어하지 않는다는 것도 알 수 있었다. 적어도 당장은. 저녁 늦게 딸은 우리 부부가 있는 부엌에 와 그릇에 아이스크림을 담았다. 내가 팔로 감싸 주며 무슨 일인지 묻자 눈물부터 터졌다. 딸은 울며 말했다.

"학교 애들이 아무도 날 좋아하지 않아요."

"그건 그렇지 않지." 내가 위로하려 말했.

"널 좋아하는 애들도 많잖아."

"아니예요, 그렇지 않아요. 아무도 나에게 말을 걸지 않아요. 어쩌다 말을 해도 내가 불쌍하니까 그러는 거예요. 복도에서 마주치면 뭐라고 말이라도 걸어 줘야 할 것 같으니까. 하지만 속으

묵상하는 삶 39

로는 날 좋아하지 않는다는 걸 알아요. 학교 다닌 지 2년 됐어요. 그런데 아무도 나를 알고 싶어하지 않아요. 아무도."

우는 아이를 꼭 끌어안았다. 그런 말을 듣고 있으려니, 우리가 사랑하는 이 소중한 아이가 그렇게 자신이 못났다며 절망에 빠져 울고 있는 것을 보려니, 가슴이 찢어지는 듯했다. 잠시 후 눈물이 그쳤다.

눈물이 그치자 아내와 나는 딸과 함께 그리스도께서 이 땅에 오셔서 당하신 거절에 대해 이야기했다. 고향에서도, 친구들과 가족들로부터도. 그분에게는 사람들과 나누고 싶은 것이 참으로 많았다. 그러나 많은 사람들은 들으려 하지 않았고, 시간이 없었고, 속마음을 보는 데 관심이 없었으며, 갈 데가 많았고, 주변에 더 중요하고 더 재미있는 사람들이 많았다. 주님이 겪으신 고난의 한 부분에는 거절이 있었음을 우리는 딸에게 일러주었다. 사람들은 그분을 무시하고 외면하고 딴 길로 갔다. 학교에서 당한 거절을 통해 딸은 성경이 말하는 '그의 고난에 동참하는' 자리에 들어선 셈이다. 거절의 정도야 그분이 당하신 것에 비하면 약했지만 어쨌든 그것을 통해 딸은 이 땅을 걸으시던 주님의 아픔, 외로움, 슬픔을 좀더 느낄 수 있었다. 그리스도에 대해, 학교에서 가장 인기 좋은 아이였더라면 결코 배우지 못했을 교훈을 배우고 있었다. 딸이 그분을 더 이해하고 존중하고 사랑하는 데 도움이 될 교훈이었다.

우리의 말이 도움이 되었나 보다. 우리는 딸에게 원한다면 다음날 학교를 하루 쉬어도 좋다고 했다. 딸은 그렇게 하기로 했다. 한결 기분이 좋아진 딸은 나에게 발코니 온탕 욕조에 함께 앉아 있고 싶냐고 물었다. "좋지." 나는 말했다. 반짝이는 별빛 아래 함께 욕조에 앉아 나는 딸에게 작가로서의 내 삶에 대한 이야기를 들려주었다. 심혈을 기울여 쓴 작품인데 몇 달 후 이런 말이 적힌 거절 공문을 받을 때 기분이 어떤지 말해 주었다. "우리 회사 출판 계획과 맞지 않습니다. 다른 출판사와 좋은 결과 있기 바랍니다."

나는 딸에게 말했다. "그런 편지를 받으면 진짜 읽어 보고, 아니 대충 훑어보기라도 하고 하는 말인지 의아한 생각이 들지. 원고 안에는 하고픈 말이 참 많은데, 사람들은 너무 바빠 읽지도 않거나 원고에 적힌 이름을 알아주지 않고 퇴짜를 놓은 채 '다른 출판사와 좋은 결과 있기 바랍니다'라는 공손하지만 비인격적인 말로 나를 외면해 버린단다."

그렇게 거절당하는 기분이 어떤 것이며, 오랜 세월 직업 작가로 지내 왔는데도 그런 일이 아직도 상처가 되고 있음을 털어놓았다. 내가 딸의 아픔 속에 들어간 것이 이번에는 딸이 내 아픔 속에 들어오는 계기가 되었다. 거기, 아픔을 나누는 곳에 교제가 있었다. 전에 모르던 깊은 이해의 느낌이 있었다. 성스러움에 대한 깊은 의식이 있었다. 상대방은 물론 그 사람의 아픔에 대해서까지, 그리고 그 아픔이 그 사람을 그리스도의 형상으로 빚어가는 데 차지하는 거룩한 역할에 대해서도.

딸은 물에서 나와 욕조 난간에 앉아 몸을 식혔다. 그리고는 나의 가치관을 온통 들쑤셔 내고야 말 질문을 하나 던졌다.

"내일 뭐 하세요?"

사실 그것은 질문이 아니었다. 초청이었다. 자기와 하루를 함께 보내 주기 원하면서도 내가 너무 바쁘다면 부담 주고 싶지는 않은 눈치였다. 사실 나는 바빴다. 일이 밀려 있어서 열심히 따라잡는 중이었다. 그러나 갑자기 그것이 하나도 중요해 보이지 않았다. 적어도 그 순간만은. 그 순간에 뭔가 성스러운 것이 담겨 있음을 나는 알았다. 정확히 뭔지는 몰랐지만 뭐가 아닌지는 알았다. 내 일은 아니었다.

"너만 쉬는 날을 갖는다면 공평하지 않겠지. 우리 둘 다 하루 쉬고 온종일 함께 보내면 어떨까. 넌 어때?"

나는 이렇게 말했다.

"좋아요." 딸애의 얼굴이 환해졌다.

"나도 좋다."

딸은 욕조에서 나와 수건을 집어 들면서 말했다. "아빠, 오늘 밤은 평생 잊지 못할 가장 소중한 추억이 될 거예요."

이튿날 우리는 별말이 없었다. 인생 얘기는 전혀 없었다. 그냥 재미있게 하루를 같이 보냈다. 세차장에 들르고, 심부름 몇 가지를 한 다음 점심을 먹었다. 그리고는 백화점에 가서 딸은 선글라스를 샀다. 거기서 해리슨 포드가 나오는 영화 〈사브리나〉를 보았다. 그리고 집에 왔다.

하루 종일 나는 지난밤 딸이 했던 말을 생각했다. 지금도 생각한다.

"아빠, 오늘 밤은 평생 잊지 못할 가장 소중한 추억이 될 거예요."

그런 말을 들으면 '올해의 아버지'라도 된 기분에 젖어야 하지 않을까. 그러나 반대였다. 그 말을 묵상하자니 이런 생각이 들었다. '딸과의 그 시간을 자칫 놓쳐 버릴 뻔했다. 딸이 평생 잊지 못할 그 추억을. 사실 지금까지 그렇게 놓쳐 버린 순간들이 얼마나 많은가. 딸과는 물론 다른 아이들, 아내, 친구들, 다른 식구들과의 사이에.' 그런 시간의 상실, 내가 사랑하는 이들의 삶과 나 자신의 삶에서 그렇게 놓쳐 버린 순간들이 나를 슬프게 했다.

슬픔은 결심이 되었다. 걸음을 늦추기로 했다. 그런 순간들이 찾아올 때 알아볼 수 있도록. 걸음을 멈추기로 했다. 그런 순간들을 존중할 수 있도록. 반응하기로 했다. 내가 그런 순간을 만지고 그런 순간이 나를 만지게 하지 않고는 그냥 보낼 수 없기에.

그런 순간들이 너무도 많이 내 곁을 그냥 지나갔다.

더 이상 놓치고 싶지 않다.

인생은 너무 짧다.

그리고 너무 성스럽다.

2 묵상하는 삶의 씨앗

이 땅을 사는 모든 인생의 모든 순간과 모든 사건은 그 영혼에 뭔가를 심어 놓는다. 눈에 보이는, 보이지 않는 무수한 씨앗이 바람을 타고 날아가듯 영적인 생명의 씨앗도 세월의 흐름을 타고 날아와 인간의 마음과 의지에 살며시 내려앉는다. 그 무수한 씨앗은 대부분 죽어 없어지는데 그것은 인간이 받을 준비가 되어 있지 않기 때문이다.[1]

토머스 머턴(Thomas Merton),
「묵상의 씨앗(*Seeds of Contemplation*)」

묵상하는 삶이란 영원히 의미 있는 것이 심길 수 있도록 마음을 준비하며 살아가는 삶이다. 어떤 씨앗이 우리를 찾아올 것이며 거기서 어떤 수확이 나올지 아무도 모른다. 그러나 마음에 받을 준비가 되어 있지 않으면 토머스 머턴의 경고처럼 그 씨앗은 대부분 죽어 없어질 것이다.

지난 세월 무수한 씨앗이 내 마음에 내려앉았을 것이다. 그리고 무수한 씨앗이 거기서 죽었을 것이다. 마음의 경직성 때문이라기보다는 마음의 편식성 때문에 죽은 것이 아닐까.

예컨대 성경 말씀은 마음에 받아들여 잘 키워야 할 씨앗임을 나는 알았다. 신학교 교수들 역시 소중히 받아야 할 씨앗을 내게 주었다. 주일 아침 설교에도 언제나 심을 만한 가치 있는 것이 있었다. 책들에도.

그런 손들을 통해 내 마음에 귀한 씨앗이 뿌려졌고, 그 중에는 하나님의 음성이라 믿어지는 것도 있었다. 그러나 나는 씨앗을 받는 데 편식을 보였다. 받아야 할 또 다른 씨앗이 있다는 사실조차 몰랐다. 몸을 구푸려 다른 씨앗을 살펴보기 시작한 것은 작가가 되고 나서였다.

작가로서 정식 훈련도 받지 못하고 아는 작가도 없던 나는 글쓰기를 거의 혼자 힘으로 배워야 했다. 나는 멈추어 주변 세상을 바라보며 귀기울였다. 뭐든 배우고 싶었다. 모든 것에 귀기울였다. 미술에, 음악에, 자연에, 영화에, 문학에, 사람들 말에. 이 모든 것이 스승이 되어 주변 세계와 더 깊은 관계를 맺게 해 주었다.

주변 세계와의 관계는 필경 내면 세계로 이어졌다.

씨앗이 자라는 공간

나의 내면 세계는 하나님이 교정 중이신 초벌 원고와도 같았다. 나는 그분이 써넣으신 알아보기 힘든 난필에 곁눈질을 보냈다. 그분이 빚으시는 성품을 알려 했고, 때로 실타래처럼 얽힌 줄거리를 놓치지 않으려 했고, 때로 해독 불능의 주제를 해독하려 했다.

어려운 일이었지만, 오랜 세월 그렇게 하는 사이 깨달은 것이 있다. 하나님과 주변 세계를 더욱 의미 있게 체험하려면 누구나 그 작업을 해야 한다는 것이다.

글쓰기를 배우는 과정에서 나는 글 중간중간 잠시 쉬어 가는 것이 얼마나 중요한 일인지 알았다. 쉬어 가는 시간은 독자의 마음에 생각할 여유를 주고 작가의 말이 살아갈 공간을 준다. 어느 글을 읽든 똑같이 적용되는 원리이다.

다음 성경 본문에서 좋은 예를 찾아볼 수 있다.

예수는 감람산으로 가시다 아침에 다시 성전으로 들어오시니 백성이 다 나아오는지라 앉으사 저희를 가르치시더니 서기관들과 바리새인들이 간음 중에 잡힌 여자를 끌고 와서 가운데 세우고 예수께 말하되 선생이여 이 여자가 간음하다가 현장에서 잡혔나이다 모세는 율법에 이러한 여자를 돌로 치라 명하였거니와 선생은 어떻게 말하겠나이까 저희가 이렇게 말함은 고소할 조건을 얻고자 하여 예수를 시험함이러라 예수께서 몸을 굽히사 손가락으로 땅에 쓰시니 저희가 묻기를 마지아니하는지라 이에 일어나 가라사대 너희 중에 죄 없는 자가 먼저 돌로 치라 하시고 다시 몸을 굽히사 손가락으로 땅에 쓰시니 저희가 이 말씀을 듣고 양심의 가책을 받아 어른으로 시작하여 젊은이까지 하나씩 하나씩 나가고…(요 8:1-9).

몸을 굽히사 땅에 쓰실 때 예수님은 침묵을 이용해 쉬어 가는 시간을 만드신 것이다. 그 쉬어 가는 시간 속으로 무리의 관심이 쏠렸다. 그 다음 말을 들을 준비가 된 셈이다.

"너희 중에 죄 없는 자가 먼저 돌로 치라."

예수님은 다시 몸을 굽히사 한 차례 더 쉬어 가는 시간을 내신다. 이번에 그 침묵 속에 흘러든 것은 무리의 양심의 가책이었다.

글 사이사이에 공간을 줄 때 그 글—성경 본문이든 일상의 삶이든—은 우리 마음속에서 살아갈 자리를 찾게 된다. 삶에 그런 시간적 여유를 확보하지 않는 것은 곧 글이 가져다 줄 수 있는 모든 성장을 방해하는 것이다.

성경 속의 신앙인들은 삶 속에 쉬어 가는 시간을 잘 낸 사람들이다. 그들은 쉬어 가는 시간을 매일 정해진 기도 시간, 매주 안식일 엄수, 유월절과 속죄일 같은 연례 성일로 지정해 두었다. 이렇게 쉬어 가는 시간을 떼어놓는 습관 덕에 일과 중에도 자연스레 그런 시간을 내기가 한결 쉬웠다. 사실 일과 중의 쉬어 가는 시간은 묵상하는 삶에 필수적인 것이다.

성경 말씀을 읽을 때는 쉬어 가는 시간, 얼마간 묵상하는 시간을 가져야 한다고 우리는 배웠다. 그러나 우리를 부르는 그 밖의 다른 많은 말들에 대해서는 문맹일 때가 많다.

씨앗

프레더릭 부크너(Frederick Buechner)는 그런 일상의 말들을 *A Room Called Remember*(추억의 방)라는 책에 이렇게 묘사했다. "삶이란 가끔씩 뛰어난 웅변술을 보일 때가 있다. 별생각 없이, 별로 듣거나 보는 것 없이 하루하루 살아가다 불현듯 전혀 뜻밖의 순간에 뭔가 강력한 말의 펀치에 허를 찔릴 때가 있다. 원하든 원하지 않든 들려 오는 말, 바로 내 삶 속에서 나오는 그 말이 어찌나 직선적인지 꼭 내 이름을 부르는 것만 같다. 그럴 때면 여태 바라볼 마음이 없던 것도 봐야만 하고 오랜 세월 동안 들을 재간이나 용기가 없던 말도 들어야 한다."[2]

우리도 다 한 번쯤 그런 경험이 있다. 그러나 너무 바쁘거나 소리가 가물가물해 그냥 놓칠 때가 많다. 잘 들렸든 가물가물했든 그 음성은 그렇게 신비적인 것만은 아니다. 실은 철저히 성경적인 것이다. 솔로몬은 잠언에서 그것에 대해 이렇게 말한다.

지혜가 길거리에서 부르며 광장에서 소리를 높이며 훤화하는 길 머리에서 소리를 지르며 성문 어귀와 성중에서 그 소리를 발하여 가로되(잠 1:20-21).

지혜가 부르지 아니하느냐 명철이 소리를 높이지 아니하느냐 그가 길가의 높은 곳과 사거리에 서며 성문 곁과 문 어귀와 여러 출입하는 문에서 불러 가로되 사람들아 내가 너희를 부르며 내가 인자들에게 소리를 높이노라 어리석은 자들아 너희는 명철할지니라 미련한 자들아 너희는 마음이 밝을지니라"(잠 8:1-5).

누구든지 내게 들으며 날마다 내 문 곁에서 기다리며 문설주 옆에서 기다리는 자는 복이 있나니 대저 나를 얻는 자는 생명을 얻고 여호와께 은총을 얻을 것임이니라(잠 8:34-35).

일상의 순간 속에서 우리를 부르는 이 음성을 우리는 하나님의 지혜라 한다. 자연과 그 운행 법칙에 배어 있는 이 지혜가(잠 8:22-23; 29-30, 욥 38-41장) 인간 본성과 그 지배 법칙(잠 5:1-23)에도 배어들어야 한다. 위에 인용한 구절들은 지혜를 거리에서 자기 말을 들어 줄 사람을 찾는 자로 의인화하고 있다. 듣는 자들에게는 지혜가 금은 보화보다 더 귀한 부를 나누어 줄 것이다(잠 8:6-17).

지혜의 음성은 길가든 광장이든 어디서나 우리를 부를 수 있다. 차가 막히는 도로에서도 부를 수 있고 삶의 어떤 기로에서도 부를 수 있다. 그 음성은 교회에서 들릴 수도 있고 극장에서 들릴 수도 있다. 혼자만의 조용한 순간에 들려 올 수도 있고 인파 속의 혼잡한 순간에 들려 올 수도 있다. 지혜가 부르는 것은 우리의 이름이다. 지혜는 우리를 지금과 다른 생활 방식으로 부르고 있다.

'지혜'란 히브리 단어로 '살아가는 기술'이라는 뜻이다. 그 기술은 마음에 하나님의 음성을 더욱 민감히 듣는 습관을 기름으로써 배울 수 있다. 그 말씀이 평범한 우주적 지혜의 형태로 오든 특별한 인격적 계시의 형태로 오든.

뿌리는 자

우주적 지혜의 책 잠언에서 솔로몬은 하나님의 계시는 우주적 차원을 넘어 인격적 차원으로 향한다 했다. 그는 "정직한 자에게는 그의 교통하심이 있으며"(잠 3:32)라고 말한다. '교통하심'이란 말은 '사담(私談)'을 뜻한다. 히브리 어근의 뜻은 '꼭 끼다, 든든하다, 꽉 누르다' 등으로, 침대나 소파에서 꽉 눌리는 물건인 베개나 쿠션도 여기서 나온 파생어이다. 잠언 3장 32절 말씀의 '교통하심'이란 말도 은밀한 대화를 위해 서로 바싹 붙어 있다는 뜻이다. 이 말은 베개에 머리를 나란히 대고 누워 조용히 깊은 얘기를 주고받는 연인들을 지칭할 때 사용되었다. 소파에 붙어 앉아 생각을 나누는 친구들에게도 사용된 말이다. 그런가 하면 텐트에 모여 머리를 맞대고 전략을 의논하는 장군들을 가리킬 때도 이 말이 사용되었다.

이런 인격적 관계는 서로 속을 내보임으로 유지된다. 관계가 깊을수록 내보이는 깊이도 깊어진다. 일례로 아브라함과 하나님의 관계를 생각해 보라. 성경은 아브라함을 무엇이라 했던가? '하나님의 친구'라 했다. 그가 친구였기에 하나님께서 그에게 소돔 심판 계획을 알리고 싶으셨던 것은 당연한 일이다. 거기 그의 친척이 살고 있었기 때문이다. "나의 하려는 것을 아브라함에게 숨기겠느냐?" 생각 끝에 하나님께서는 당신의 계획을 알려 주신다(창 18:17-21). 아브라함 또한 하나님이 자신의 친구이셨기에 자기 기분을 털어놓으며 그 계획에 대해 그분과 대화하고 싶었던 것은 당연한 일이다(창 18:22-33).

신약으로 오면 제자들과 예수님의 관계가 그와 비슷했던 것을 볼 수 있다. 예수님은 다락방에서 그들에게 말씀하셨다. "이제부터는 너희를 종이라 하지 아니하리니 종은 주인의 하는 것을 알지 못함이라 너희를 친구라 하였노니…"(요 15:15). 또한 그들이 그 우정에 충실하여 당신을 사랑하고 계명을 지키면 그들에게 당신을 나타내시겠다고 말씀하셨다(요 14:21).

우리는 대부분 종교로서의 기독교와 관계로서의 기독교에 차이가 있음을 깨닫고 그리스도께 돌아온 자들이다. 주님과 인격적 관계를 맺고 얼마 후, 우리는 또 다른 차원이 있음을 알게 된다. 인격적 관계와 친밀한 관계에 차이가 있다는 것을 말이다. 어떤 사이이든 대화의 깊이를 결정하는 것은 관계의 깊이이다. 예를 들어 식품점 계산대 앞에서 마주친 낯선 사람과의 대화는 구면인 사람과의 대화와 다르다. 그것은 다시 친구와의 대화와 다르고, 그것은 다시 친한 친구와의 대화와 다르며, 그것은 다시 제일 친한 친구나 배우자와의 대화와 다르다.

예수님과의 우정도 똑같다. 관계의 친밀도가 대화의 깊이를 결정한다. 우리가 그분께 드리는 말씀이나 그분이 우리에게 하시는 말씀이나 다 마찬가지다.

예수님은 다양한 방식으로 우리에게 자신을 내보이신다. 엠마오 도상의 두 제자에게 하신 것처럼 표가 안 나게 천천히 시작하여 갈수록 분명해지는 경우도 있다(눅 24:13–32). 다메섹 도상의 사울에게 하신 것처럼 갑자기 극적으로 보이사 그 자리에서 분명히 알게 될 때도 있다(행 9:1–9). 여러 모양, 우리를 필요로 하는 자의 모습으로 찾아오실 때처럼 마지막 때까지 분명치 않도록 모호하게 하실 때도 있다(마 25: 31–46).

예수님은 무수한 방식, 무수한 이유로 우리를 찾아오시거니와, 이 모두가 우리의 유익을 위해서이다. 그분은 말씀하신다.

"볼지어다 내가 문 밖에 서서 두드리노니 누구든지 내 음성을 듣고 문을 열면 내가 그에게로 들어가 그로 더불어 먹고 그는 나로 더불어 먹으리라"(계 3:20). 그분은 밤낮 가리지 않고 우리를 찾아오사 마음 문을 두드리신다. 두꺼운 나무문 저편의 음성을 알아들을 수 있는 자에게 그분은 놀라운 약속을 주신다.

식사를 약속하신다.

영양에 대한 강의가 아니다.

우리의 식습관에 대한 책망이 아니다.

'식사'이다.

그것은 상호 교제의 식사이다. 나는 '그분으로 더불어' 먹고 그분은 '나로 더불어' 먹는다. 그것은 또한 상호 섭취의 식사이다. 그분도 나처럼 식사를 하신다. 식사는 우리만 위한 것이 아니다. 그분을 위한 것이기도 하다. 아무리 늦은 시간에 두드리시고 아무리 낮은 모습으로 나타나셔도 그분이 문간에 오시면 우리는 그 임재로 새 힘을 얻고 그 말씀으로 양분을 얻는다.

믿음의 사람은 그 두드림을 기다린다. 식탁에 그분의 임재와 거기서 받을 예비된 말씀을 기대한다. 우리는 세상 만민이 그분의 참 존재를 알게 될 장엄한 최후의 순간에 다시 오실 그리스도를 기다려야 한다고 배웠다. '마땅히' 그분을 고대해야 한다. 그러나 앞만 보느라 다른 곳을 보지 못해 그분이 찾아오시는 다른 모든 순간을 놓쳐 버릴 때가 있다. 그분은 언제나 찾아오신다. 필요에 따라 우리를 섬기러 오신다. 제자들의 발을 씻겨 주신 것처럼(요 13:1-20), 당신을 밤새워 기다린 종들에게 약속하신 것처럼(눅 12:35-40). 필요에 따라 우리를 구하러 오신다. 물에 빠진 베드로를 구해 주신 것처럼(마 14:22-33), 어떤 의미에서 역시 물에 빠져 죽어 가던 간음하다 잡힌 여인을 구해 주신 것처럼(요 8:1-11). 대개는 우리 자신으로부터 구해 주시지만 또한 세상, 육신, 마귀로부터도 구해 주신다. 어떤 식으로든 늘 구원이 필요한 우리이기에 그분도 어떤 식으로든 늘 우리를 찾아오신다.

C. S. 루이스는 피조물로서 인간 최대의 존엄성은 주도권이 아니라 반응에 있다고 말한 바 있다. 하나님께서 말씀하시면 우리는 듣는다. 그분이 두드리시면 우리는 연다. 그분이 씨를 뿌리시면 우리는 받는다.

씨를 뿌리는 것은 광야 같은 인간의 심령에 에덴을 복원하시려는 하나님의 시도이다.

씨를 받는 것은 그 일에 동참하는 우리의 몫이다.

3 묵상하는 삶의 토양

친구여, 이것이 비밀 중의 비밀이다. 이것만 있으면 뿌리지 않은 데서 거둘 것이요, 또한 이것은 영혼에 다함없는 은혜의 원천이 될 것이다. 내면에서 발동하는 일이든 외부에서 일어나는 일이든, '겸손한 마음'이 있거나 생길 수만 있다면 범사가 진정한 유익이 된다. '겸손한 영혼'에게는 아무것도 헛되거나 무익한 것이 없기 때문이다. 언제나 거룩함에 자라가고 있기에 어떤 일이 닥쳐도 마치 하늘에서 떨어지는 이슬과 같다.[1]

앤드류 머레이(Andrew Murray),
「겸손(*Humility*)」

씨뿌리는 자의 비유에서 배울 것이 있다면 바로 이 것이다. 뿌리는 자가 아무리 훌륭하고 씨가 아무리 좋아도 작황을 결정짓는 것은 토양의 상태라는 것이다(마 13:1-23).

비유에 나타난 것처럼 씨는 딱딱하게 굳어진 영혼에 떨어질 수 있다. 너무 급해 걸음을 멈추고 씨앗이 가져다 줄 모든 것을 묵상할 여유가 없다. 씨는 깨달음이 얕은 영혼에 떨어질 수 있다. 불가피한 땡볕의 힘든 시기를 견뎌 낼 만큼 뿌리를 깊이 내리지 못한다. 씨는 지나치게 산만한 영혼에 떨어질 수 있다. 처음에는 해로울 것이 없어 보이지만 종래에는 숨이 막혀 자라지 못한다. 그러나 씨가 준비된 영혼에 떨어지면 수확이 있다. 30배, 60배, 때로 100배까지.

인생이 그렇게 된다면 얼마나 좋을까. 창고가 가득하고 뒤주가 흘러 넘쳐 '우리' 식구는 물론 남은 것으로 남들까지 거둘 수 있는 풍요. 정말 '놀라운' 삶일 것이다. 그러나 그것을 가능케 하는 토양은 좀 다를 것이다.

그런 수확을 내려면 땅을 갈아야 하고, 흙덩어리를 부수어야 하고, 성장을 저해하는 숨은 돌멩이를 하나하나 제거해야 하며, 양분을 빼앗는 잡초를 일일이 뽑아 내야 한다. 과실에 필요한 무기물을 공급하려면 토양 내부와 주변의 어떤 것들은 목숨을 바쳐야 한다. 나뭇잎, 잔가지, 나무 껍질. 저마다 제때 제 방식대로 찢기어 땅에 떨어져야 한다. 죽어 퇴비가 되어야 한다. 지나가는 동물들이 남긴 거름과 섞여야 한다. 습기와 곰팡이에 썩어야 한다. 벌레에 덮여야 한다. 세균에게 먹혀야 한다. 지렁이에게 느릿느릿 파여야 한다.

누구나 풍성한 삶을 원한다. 하지만 그 삶을 위해 '이런' 과정을 거치고 싶은 사람이 누가 있을까?

토양을 비옥케 하는 분해된 유기물을 '부식토(humus)'라고 한다. '겸손(humility)'이라는 말도 그것과 상관이 있다. 겸손이란 '낮아진다'는 뜻이다. 이는 우리가 당신의 말씀을 잘 받아들이게 하시려고 하나님이 사용하시는 과정이다. 그분은 우리를 낮추신다. 직접 밑바닥에 데려다 놓으실 때도 있다.

공자는 겸손이란 모든 덕목의 기초라 했다. '심령이 가난한 자'를 산상수훈 목록 중에서 맨 앞에 두신 예수님의 말씀도 본질상 같은 뜻이다. 유대인 청중들의 마음에 그 문구는 누군가 버림받은 절망적인 사람의 모습을 떠오르게 했을 것이다.

그런 처지란 과연 어떤 것일까? 거리의 뜨네기와 같을 것이다. 다음 끼니가 어디서 생길지 모르는 것이다. 오늘 밤 잘 곳이 어디며 그 곳에 어떤 위험이 도사리고 있는지 모르는 것이다. 내일은 오늘보다 더 심한 거부와 슬픔과 배고픔과 고통말고도 또 어떤 것이 닥칠지 모르는 것이다.

도대체 '누가' 그런 삶을 원하겠는가?

나는 아니다. 나는 머리 위에 지붕을 원한다. 30년 간 보증되고 집주인이 법적으로 책임지는 집. 또 외부와 차단시켜 주는 문을 원한다. 문에 자물쇠, 자물쇠에 보조 열쇠, 보조 열쇠에 안전 장치까지. 하나님과의 관계도 위험 없는 것을 원한다. 부부 관계도 신앙의 기적을 원하지 매일 노력해야 하는 것은 싫다. 신앙도 간단한 요약집을 원하지 장편 소설은 원하지 않는다.

누군들 그렇지 않으랴?

누군들 찐빵의 앙꼬를 핥고 싶지 않으랴? 누군들 딱딱한 부분을 잘라 낸 샌드위치를 원하지 않으랴? 누군들 기독교의 모든 달콤하고 부드러운 면을 바라지 않으랴. 사랑. 기쁨. 평안.

뉘라서 슬픔의 사람, 질고를 아는 자가 되고 싶으랴.

그것이 무엇인지 우리는 알기나 하는 것일까? 없어지지 않는 고통을 안고 산다는 것. 어디를 가든 마음에 상처를 품고 산다는 것. 슬픔에 싸인다는 것. 일자리도, 일자리에 필요한 기술도, 그 기술을 가르쳐 줄 사람도 없다는 것. 은행이나 침대 밑이나 어디든 돈 한푼 없다는 것이 어떤 것인지 우리가 알까? 재산이 없다는 것, 담보 잡힐 것이 없다는 것, 구걸한다는 것이 어떤 것인지 우리가 알까? 부탁도 아니고, 빌리는 것도 아니다. 구걸이다.

낮고 연약한 자

예수님 당시의 거지는 거리를 장식하던 인간 사회의 미결 부분이었다. 저는 자, 눈먼 자, 정신 이상자. 이들은 쓰레기 더미처럼 모퉁이에 내버려진 나사로들이었다. 후회만 남은 더러운 걸레 신세로 망가진 과거에 눈물을 짜던 마리아들이었다. 주님의 발을 씻을 그 눈물을.

바로 그들이 예수께서 당신의 가장 유명한 설교인 산상수훈을 들려주신 사람들이다.

마태는 예수께서 무리를 보시고 산에 올라가 앉으사 가르치기 시작하셨다고 말한다(마 5:1-2). 이 무리는 어디서 온 것일까? 조금만 위로 올라가 4장 끝절을 보라. "갈릴리와 데가볼리와 예루살렘과 유대와 요단 강 건너편에서 허다한 무리가 좇으니라"(마 4:25). 그렇다면 이들 무리는 어떤 사람들이었을까? 몇 절만 더 위로 올라가 보라. "예수께서 온 갈릴리에 두루 다니사 저희 회당에서 가르치시며 천국 복음을 전파하시며 백성 중에 모든 병과 모든 약한 것을 고치시니 그의 소문이 온 수리아에 퍼진지라 사람들이 모든 앓는 자 곧 각색 병과 고통에 걸린 자, 귀신들린 자, 간질하는 자, 중풍병자들을 데려오니 저희를 고치시더라"(마 4:23-24).

설교를 들으려고 맨 앞줄을 채웠던 자들은 예수님이 고쳐 주시고 구해 주신 자들이었다. 문둥병자, 귀신들린 자, 간질에 걸린 자, 감히 회당의 문을 더럽힐 수 없던 자, 버림받은 자, 부정한 자, 밑바닥 인생, 강도 만난 자, 건강을 빼앗긴 자, 자존감을 노략당한 자, 죽도록 두들겨 맞고 길가에 버려진 자.

'이들'이 바로 심령이 가난한 자들이었다. 일용할 양식을 얻으려면 구걸하는 길밖에 없음을 깨닫는 지경까지 가난해진 사람들. 그래서 그들은 하늘로 깡통을 쳐들었다. 그것이 바로 그들이 한 일이다.

"다윗의 자손이여, 나를 불쌍히 여기소서."
"나에게 이 생수를 주소서."
"하나님이여, 불쌍히 여기옵소서. 나는 죄인이로소이다."

이들은 위쪽말고는 더 바라볼 데가 없을 정도로 밑바닥까지 철저히 낮아졌다. 우리도 그렇게 텅 빈손을 주인의 상에서 떨어지는 부스러기라도 구걸하는 마음으로 하늘을 향해 내밀 때, 하늘은 우리에게 주님과 더불어 먹고 주님이 우리와 더불어 먹는 은혜를 내릴 것이다.

성경은 하나님께서 바로 그런 사람들, 낮아져 겸손한 자들에게 은혜를 주신다고 말한다(약 4:6). 그것이 사실이라면, 우리 삶에 일어나는 모든 겸손케 하는 일들은 장기적으로 볼 때 유익한 것이다. 하나님의 은혜가 임할 길을 닦아 주기 때문이다.

높고 강한 자

야고보는 똑같은 구절에서 하나님은 교만한 자를 물리치신다고 말한다. 교만한 자는 은혜의 분배에서 단순히 간과되는 것이 아니다. 물리침을 당한다. 그것도 아무한테나 당하는 물리침이 아니다. 하나님한테 당하는 것이다. 세상에서 가장 강하신 분과 싸우는 인생이 얼마나 부질없는 것이겠나 생각해 보라.

이제 이것을 생각해 보라.

하나님이 가장 대적하시는 교만은 종교적 교만이다.

서기관들, 바리새인들, 율법학자들을 잠시 생각해 보라. 그들의 교만을 생각해 보라. 진리의 수호자라는 교만. 하나님의 언약의 소유자라는 교만. 기준을 붙들고 버티어 선, 백성의 기둥이라는 교만. 순종과 충성과 선행에 대한 교만. 성전에서 기도하던 바리새인을 기억하는가? "하나님이여 나는 다른 사람들 곧 토색, 불의, 간음을 하는 자들과 같지 아니하고 이 세리와도 같지 아니함을 감사하나이다"(눅 18:11-12).

이번에는 같은 장소에서 드려지던 다른 기도를 들어 보라. "세리는 멀리 서서 감히 눈을 들어 하늘을 우러러보지도 못하고 다만 가슴을 치며 가로되 하나님이여 불쌍히 여기옵소서 나는 죄인이로소이다 하였느니라"(눅 18:13).

인생이 어디가 어떻게 무너졌길래 감히 우러러볼 수도 없을 만큼 낮아진 것일까. 사연이야 어찌됐든 거기서 비롯된 겸손이 주님의 인정을 받는다. "내가 너희에게 이르노니 이 사람이 저 보다 의롭다 하심을 받고 집에 내려갔느니라 무릇 자기를 높이는 자는 낮아지고 자기를 낮추는 자는 높아지리라"(눅 18:14).

야고보는 말한다. "능히 너희 영혼을 구원할 바 마음에 심긴 도를 온유함으로(겸손하게) 받으라"(약 1:21). 역순(영어 원문)으로 생각해 보라.

영혼의 구원.

마음에 심긴 도.

그 도를 받음.

겸손.

맨 밑에 있는 것이 무엇인가? 겸손이다. 토양의 수용력을 준비시키는 것이 겸손이다. 마음에 심긴 말씀을 간절히 붙들게 하기 위함이다. 토양과 씨앗이 만나면 발아 과정이 시작된다. 영혼이 말씀을 받아들여 어두운 땅속에 깊이 뿌리를 내리게 할 때, 말씀은 거기 있는 것을 취하여 변화시키되 생명을 줄 뿐 아니라 열매까지 맺게 한다. 잠깐 멈추고 생각해 보라. 우리 영혼의 행복, 단순히 일상의 행복이 아니라 영원한 행복이 우리 마음의 겸손에 의존하고 있다.

기막힌 일이요, 심지어 두렵기까지 한 일이다. 토양에 그런 힘이 있다니. 하늘의 말씀이 인간의 마음의 처분에 달려 있다니. 받아들일 것인지 받아들이지 않을 것인지, 뿌리에 양분을 줄 것인지 주려 죽게 할 것인지, 잘 자라게 키울 것인지 말라 죽게 할 것인지, 천국의 추수가 이 땅의 수용에 달려 있다는 사실 자체가 겸손의 한 그림이다.

교만한 자는 그 그림을 보지 못한다. 하늘에서 뭔가 내려오고 있다는 사실조차 알아보지 못할 지경이 된 것이다. 일례로 바리새인 시몬을 보라(눅 7:36-50). 주님 발 앞에서 울고 있는 창녀를 그는 점잖게 가슴에 팔짱을 낀 채 콧등 너머로 내려다보았다. 속으로 이런 생각을 하면서. '이 사람이 만일 선지자더면 자기를 만지는 이 여자가 누구며 어떠한 자 곧 죄인인 줄을 알았으리라.'

예수님은 그 생각을 가로막으셨다. "시몬아, 내가 네게 이를 말이 있다. 빚 주는 사람에게 빚진 자가 둘이 있어 하나는 오백 데나리온을 졌고 하나는 오십 데나리온을 졌는데 갚을 것이 없으므로 둘 다 탕감하여 주었으니 둘 중에 누가 저를 더 사랑하겠느냐?"

시몬은 대답했다.

"제 생각에는 많이 탕감함을 받은 자니이다."

"네 판단이 옳다." 예수님은 그렇게 말씀하신 뒤 시몬의 시선을 방금 그가 그릇 판단한 여자에게로 돌리셨다. "이 여자를 보느냐. 내가 네 집에 들어오매 너는 내게 발 씻을 물도 주지 아니하였으되 이 여자는 눈물로 내 발을 적시고 그 머리털로 씻었으며 너는 내게 입맞추지 아니하였으되 저는 내가 들어올 때로부터 내 발에 입맞추기를 그치지 아니하였으며 너는 내 머리에 감람유도 붓지 아니하였으되 저는 향유를 내 발에 부었느니라. 이러므로 내가 네게 말하노니 저의 많은 죄가 사하여졌도다. 이는 저의 사랑함이 많음이라. 사함을 받은 일이 적은 자는 적게 사랑하느니라."

내 생각에, 우리는 대부분 진심으로 겸손을 원한다. 그러나 겸손을 얻기 위해 굴욕당할 각오가 되어 있는 자가 얼마나 될까? 이 여자를 은혜 받는 자리에 있게 한 것은 바로 도덕적 실패의 굴욕이었다.

예수님은 여자에게 말씀하셨다. "네 죄 사함을 얻었느니라. 네 믿음이 너를 구원하였으니 평안히 가라."

우리가 그 말씀을 듣는 곳은 예수님의 발 아래이다.

겸손이 우리를 그 곳에 데려다 준다.

그 말씀을 받아들일 수 있게 하는 것도 겸손이다. 겸손은 말씀을 우리 마음의 옥토에 놓아 뿌리를 내리고 자라서 결실을 맺게 하는 것이다. 그 추수가 얼마나 풍성한 것이며 평생 다른 이들의 삶 속에 또 얼마나 많은 추수의 씨앗을 뿌릴지 아무도 모를 일이다.

4 묵상하는 삶의 수분

발아(發芽)란 이상한 과정이다. 죽음과 생명이 공존한다. 새해처럼 묵은 것은 가고 새것이 시작된다. 정적(靜的)으로 완벽하던 씨앗이 균형이 깨지며 훼손을 입는다. 껍질 새로 물이 스며들면서 기적이 일어난다. 불모의 애리조나에 긴 겨울 우기가 지나면 대지가 갑자기 살아나 사막은 꽃밭이 된다. 몇 년씩 잠자던 씨앗들이 깨어 살아나 광활한 산비탈에 자줏빛 융단을 깔고 산자락에 울긋불긋 색을 입힌다. 건조한 이집트 무덤에서 발굴된 곡식 낱알이 습한 토양에 심기자 부풀어 싹을 틔우기 시작한다.… 씨앗의 밀폐된 관점에서 볼 때 발아란 유쾌한 과정이 아니다. 물이 껍질을 뚫고 들어가 속을 들쑤셔 놓는다. 생명의 싹이 잠에서 깨어나 부풀어 '살아나기' 시작한다.[1]

모턴 켈시(Morton Kelsey),
「기도와 레드우드 씨앗(*Prayer and Redwood Seed*)」

씨 뿌리는 자의 비유에서 예수님은 하나님의 말씀을 씨로, 말씀이 떨어지는 마음을 밭으로 표현하셨다. 그러나 한 가지 핵심 성분이 없다면 씨는 싹을 틔울 수 없다. 바로 수분이다.

수분이 씨앗에 하는 일은 성령께서 하나님의 말씀에 하시는 일과 같다. 그 둘이 인간의 마음에 함께 찾아올 때 기적이 일어난다. 씨앗이 생명의 싹이 되는 것이다.

말씀과 성령은 창조 때부터 짝이 되어 일했다. 성령은 둥지의 알을 품는 새처럼 수면을 운행하시며 말씀과 협력하사 새 땅의 형질과 만상을 이루셨다(창 1:2, 시 33:6). 똑같은 식으로 성령은 말씀과 협력하사 새로운 피조물에도 생명의 싹을 틔우신다(요 3:5-8, 약 1:18). 그 새 생명의 씨앗은 유전자 기호상 예수님 닮은 모습을 열매로 맺도록 되어 있거니와, 이 역시 말씀과 성령이 협력해서 하는 일이다(롬 8:29, 벧전 1:22-23, 갈 5:22-23).

어떤 말씀이든 하나님의 말씀이 우리 삶에 뿌리내리려면 바로 그러한 협력이 필요하다. 성경에 기록된 말씀을 예로 들어 보자.

성경은 누구나 읽고 다만 얼마라도 이해할 수 있는 책이다.

참고 서적과 주석 그리고 가르쳐 주는 사람만 있다면 '많은' 내용을 알 수 있다. 각 책의 저자와 거기서 다루는 특별한 문제도 알 수 있다. 그 책이 기록된 역사적 배경도 알 수 있다. 단어의 뜻과 구체적 양식도 알 수 있다. 신학도 알 수 있다.

그러나 성령을 떠나서는 그 말씀이 내 신앙 생활의 특정 시점에 나에게 개인적으로 어떤 의미가 있는지 알 수 없다. 성령이 없이는 그 씨가 내 안에서 발아하여 그리스도의 장성한 모습으로 자라 갈 수 없다.

A. W. 토저(Tozer)는 「하나님을 추구함(*The Pursuit of God*)」이라는 책에서, 성령이 우리 마음속에 하나님의 말씀을 싹 틔워 처음엔 떡잎, 다음은 줄기, 다음은 이삭으로 자라게 하는 과정을 이렇게 묘사했다. "잠잠히 하나님을 기다리는 것이 중요하다. 혼자 있는 것이 제일 좋다. 앞에 성경이 펼쳐져 있으면 더 좋다. 그 상태로 마음만 먹으면 하나님께 가까이 나아갈 수 있다. 마음속에 하나님의 음성이 들리기 시작할 것이다. 보통 사람의 경우 그 과정은 이런 것이 아닐까 생각한다. 우선, 동산을 거니는 한 임재의 소리. 이어 좀더 알아들을 수 있는 음성, 그러나 아직은 분명치 않다. 이윽고 성령께서 성경을 조명해 주시는 복된 순간이 찾아온다. 한낱 소리요 음성이던 것이 이제 알아들을 수 있는 말이 된다. 사랑하는 친구의 말처럼 따뜻하고 친밀하고 분명한 말."[2]

'따뜻하고 친밀하다.'

"진리를 알지니 진리가 너희를 자유케 하리라"(요 8:32). 여기서 예수님이 말씀하시는 것은 머리로 아는 지식이 아니라 '친밀하게' 아는 것이다. 연인들 사이에서 볼 수 있는 앎이다. 아담이 하와를 안 것처럼(창 4:1), 하나님이 우리 한 사람 한 사람을 아시는 것처럼(시 139:1-3).

생명의 성령

성경에 대한 지식적 접근과 친밀한 접근의 차이는 로빈 윌리엄스가 교사 키팅으로 나온 영화 〈죽은 시인의 사회(The Dead Poets Society)〉에 극적으로 잘 나타나 있다. 이 영화에서 내가 제일 좋아하는 장면은 키팅이 교실에서 한 학생을 지명하여 책을 읽게 하는 장면이다.

"페리, 에반스 프리차트 박사의 「시의 이해」 서문 첫 문단을 읽어 주겠어요?"

페리는 책을 펴고 고분고분 읽는다. "시를 온전히 이해하려면 운율과 압운과 비유법을 꿰뚫어야 한다. 이어 다음 두 질문을 거쳐야 한다. 첫째, 시의 목표가 얼마나 기교 있게 표현되고 있는가? 둘째, 그 목표는 얼마나 중요한 것인가? 첫 질문은 완벽성을, 다음 질문은 중요성을 따지는 것이다. 이 두 질문에 답이 나오면 시의 탁월성 여부를 비교적 쉽게 가릴 수 있다. 가로축을 완벽성, 세로축을 중요성으로 하여 시의 점수를 좌표상에 그려 보면 그 수준을 쉽게 확인할 수 있다."

학생이 읽는 동안 키팅은 칠판에 좌표를 그린다. 다른 학생들은 그것을 공책에 열심히 베낀다. 페리가 다 읽자 학생들 쪽으로 돌아선 키팅의 미소 띤 입에서 나온 말은 단 한마디.

"똥!"

학생들이 어안이 벙벙해진다.

"우리는 지금 하수도 공사를 하는 게 아니야." 키팅은 달아오른 열정으로 말한다. "시를 얘기하고 있는 거야. 지금부터 다 그 페이지를 찢어요. 그 페이지 몽땅 다. 찢어 내."

학생들 눈이 휘둥그레진다.

키팅은 말한다. "아니, 아예 서문을 몽땅 다 찢어 내요. 그건 없어야 돼. 역사 속에 묻히는 거야. 에반스 프리차트 박사여, 잘 가시게."

학생들은 이 선생님이 진심으로 하는 말인지 알 수 없다는 듯 서로 눈길을 주고받으며 주저한다.

키팅이 그런 그들을 안심시킨다. "이건 성경책이 아니야. 찢어도 지옥에 안 가."

계속 열을 내며 다그치자 하나 둘 책을 찢기 시작한다.

"이것은 전투요 전쟁이다. 사상자는 우리 마음과 영혼이다. 탁상공론 부대가 시를 논단하며 진군한다? 천만에! 여기서는 안 통한다. 앞으로 여러분은 사고력을 기르며 말의 맛을 배울 것이다. 누가 뭐라 해도 말과 생각은 세상을 바꿔 놓을 수 있다."

키팅은 교실 한복판으로 가 다들 가운데로 모이게 한다. 학생들은 아직도 뭐가 뭔지 모르지만 상대의 열정이 너무 절절하고 전염성마저 있어 그 주변에 모여든다.

"우리가 시를 읽고 쓰는 것은 시가 예뻐서가 아니다. 시를 읽고 쓰는 것은 우리가 인류의 일원이요, 인류는 열정으로 가득 차 있기 때문이다. 약학, 법학, 경영학, 공학, 다 소중하고 생명 유지에 필요한 학문이다. 그러나 우리가 살아 있는 목적은 시, 아름다움, 낭만, 사랑, 바로 이런 것들 때문이다."

이 영화에는 고전주의 이상과 낭만주의 이상의 갈등이 극화된다. 교육 기관은 전자의 이상을 표방하고 교사는 후자의 이상을 대표한다. 학교의 이상은 기둥 위 돌판에 새겨져 있다. 전통, 명예, 훈육, 실력. 그러나 키팅의 이상은 그 삶 속에 그대로 드러난다. 시, 아름다움, 낭만, 사랑.

예수님과 기성 종교 사이의 갈등도 비슷한 이상에 대한 것이었다. 바리새인과 서기관들의 생각 속에는 이런 이상이 새겨져 있었다. 율법, 전통, 의식, 도덕. 그 기성 종교 속으로 정식 교육도 받지 않은 한 선생이 충성스레 따르는 제자들을 이끌고 찾아왔다. 그분이 내세우신 것은 다음과 아주 흡사한 것들이었다. 시, 아름다움, 낭만, 사랑.

예수님이 그들에게 하신 말씀은 하나님과 이웃을 향한 열정을 죽이는 인간의 교훈과 전통을 찢어 내라는 것에 다름 아니었다. 그분은 입으로만 그러신 것이 아니라 실제로 그렇게 사셨다. 그 열정이 모든 기도, 모든 대화, 모든 치유, 모든 성전 순례에 삶으로 녹아 들었다.

그것은 전투요 전쟁이다. 사상자는 우리의 마음과 영혼일 수 있다. 그리스도인의 삶은 열정의 삶이다. 하나님을 향한 열정, 어려운 이웃들을 향한 열정. 이것들이 삶으로 옮겨질 경우, 바로 세상을 바꿔 놓을 수 있는 말과 생각이다. 우리가 살아 있는 목표이다.

그러나 열정은 쉽게 상실될 수 있다. 열정을 사랑의 대상과 분리시킬 때 그럴 수 있다. 그럴 때 우리에게 남는 것은 무늬만 사랑인 몸놀림뿐이다. 인격이 빠진 공허한 몸놀림. 사랑 없는 섹스처럼. 사랑과 분리된 섹스는 기술로 전락한다. 사람들은 그에 대하여 안내서를 쓸 수는 있겠지만 시는 쓸 수 없을 것이다.

우리도 다 한 번쯤 성경을 그런 식으로 접근한 전과가 있다. 생명의 원천과 분리시켜서, 연구한답시고 해부하며.

시로 보아야 할 성경을 우리는 원리 책자로 공부한다.

아름다움으로 보아야 할 성경을 우리는 신학 논문으로 공부한다.

낭만으로 보아야 할 성경을 우리는 성경 역사 기록으로 공부한다.

사랑으로 보아야 할 성경을 우리는 행동 규범으로 공부한다.

사랑의 성령

몇 년 전 켄 번즈(Ken Burns)는 PBS의 '남북 전쟁 시리즈'를 제작한 바 있다. 산더미 같은 낡은 사진, 편지, 지도, 일기, 역사 기록, 회고록 등을 면밀히 조사해 편집하고 음향 효과와 낭독을 보태, 미국 역사의 한 분수령을 감동적인 다큐멘터리로 집대성한 것이다. 연구 도중, 번즈는 자신이 시리즈를 통해 보여 주려는 주제의 본질―전쟁의 개인적 측면―을 담고 있는 편지 한 통을 우연히 발견했다. 북군 소령 설리번 발루(Sullivan Ballou)가 고향의 아내에게 쓴 편지이다.

1861년 7월 14일
워싱턴, 캠프 클락에서

내 사랑하는 사라에게

정황을 보아하니 조만간 이동이 확실시되오. 내일 떠날지도 모르오. 다시 편지 쓸 수 없을지도 몰라 몇 줄이라도 꼭 적어야 할 것 같소. 그래야 내가 세상에 없게 되더라도 당신 손에 닿을 수 있을 테니….

참전 중인 전투의 대의에 조금도 의심이나 회의는 없소. 용기도 다하거나 꺾이지 않았소. 이제 미국 문명은 정부군의 승리에 달려 있음을 나는 아오. 앞서 독립 전쟁 때 피 흘리며 고생한 선조에게 우리가 얼마나 큰 빚을 지고 있는지도 아오. 이 정부를 지키기 위해, 그리하여 그 빚을 갚기 위해 내 인생의 모든 날을 바칠 각오가 돼 있소. 단단한 각오가 돼 있소.

사라, 당신을 향한 내 사랑엔 죽음이 없소. 전능자 외에는 아무도 끊을 수 없는 강력한 줄로 묶여 있는 것과 같소. 그러나 조국에 대한 사랑이 폭풍처럼 덮쳐 와 전장(戰場)의 온갖 사슬로 항거할 수 없게 나를 짓누르고 있소.

당신과 함께 했던 복된 날들의 추억이 주마등처럼 스쳐 가오. 그토록 오랜 세월 그런 날들을 누릴 수 있었던 것에 대해 하나님과 당신께 깊은 감사를 느낀다오. 그 모든 것을 포기하고 앞날의 희망마저 잿더미로 삼기가 나로선 참으로 힘든 일이오. 행여 하나님의 가호로 우리가 함께 살며 사랑하며 아들이 커서 훌륭한 남자가 되는 모습을 지켜보게 될지도 모를 그 희망마저 말이오. 신의 섭리에 대해서는 아는 바가 별로 없고 구하는 바도 많지 않지만, 뭔가 내게 속삭이는 것이 있소. 우리 꼬마 에드가의 간절한 기도가 아닌가 싶소. 왠지 무사히 사랑하는 이들에게 돌아갈 것 같단 말이오. 만일 그렇지 못하거든, 사랑하는 사라, 내가 당신을 얼마나 사랑했는지 잊지 마시오. 전쟁터에서 마지막 호흡이 내 몸을 떠날 때 당신의 이름을 속삭이리라는 것도. 당신한테 입힌 많은 아픔과 많은 실수를 용서해 주시오. 철없고 어리석었던 때가 얼마나 많았는지 모르오! 당신의 행복에 묻은 작은 얼룩조차 내 눈물로 모두 닦아 내고 싶구려.

하지만, 사라! 만일 죽은 자가 이 땅에 돌아와 사랑하는 이들 주변을 보이지 않게 날아다닐 수 있다면, 나는 언제나 당신 곁에 있을 거요. 가장 행복한 날도 가장 어두운 밤도… 언제나, 언제까지나. 당신의 뺨에 부드러운 미풍이 불거든 그것은 나의 호흡이라오. 떨리는 관자놀이에 시원한 바람이 스치거든 그것은 내 영혼이 지나는 것이라오. 사라, 내가 죽거든 슬퍼하지 마시오. 먼저 가서 당신을 기다리고 있다고 생각하시오. 우리는 다시 만날 것이기에….[3]

설리번 발루는 불런(Bull Run) 1차 전투에서 전사했다.

양편 모두 수많은 사람에게 전쟁의 의미는 바로 이런 것이었다. 다시 돌아오지 않을 아버지 또는 아들, 다시는 이전 같지 않을 가정, 뒤에 남아 혼자 가정을 꾸리고 혼자 작물을 심고 혼자 불확실한 미래를 맞아야 할 아내. 번즈는 다큐멘터리의 제작 취지를 한시도 잊지 않으려고 제작 기간 내내 이 편지를 접어 셔츠 주머니에 넣고 다녔다 한다.

우리는 설리번 발루의 편지를 역사 공부에 사용할 수 있다. 독립 전쟁과 그 발단 문제들에 대한 토의의 출발점으로. 또한 이 편지를 지리 공부에 사용할 수 있다. 편지가 쓰여진 곳인 '워싱턴, 캠프 클락' 같은 곳을 지도에 표하며. '독립 전쟁' 같은 군사 문제에 초점을 맞추어 두 전쟁의 유사점과 상이점을 살펴볼 수도 있다. 몇몇 고어의 어원을 추적하며 단어 공부를 할 수도 있다. 심지어 이 편지를 신학 연구에 사용할 수도 있다. '전능자'와 '섭리'에 대한 미국인의 견해로부터 시작해서 하나님은 전쟁에서 어느 편이었나에 대한 논의로까지 들어갈 수 있다.

한마디로 우리는 이 편지를 에반스 프리차트 박사가 시를 공부한 식으로 공부할 수 있다.

즉 이 편지를 문법적, 역사적 맥락에서 공부할 수도 있다. 그러나 친밀한 관계 속에 서로에게 자신을 바친 두 사람의 맥락에서 이해하지 못한다면 우리는 편지의 요지를 놓치는 것이다.

'전체 요지를.'

성경도 마찬가지다. 성경도 사실을 기록한 역사 문헌이다. 그러나 단순히 전쟁과 연도, 칼을 뽑아 들고 전투를 벌인 신학 분파의 주제와 노선에만 관심을 둔다면 먼 옛날 한 싸움터에서 우리에게 마음을 열어 보이신 그 한 분의 인격을 놓치는 것이다. 설리번 발루가 사랑하는 아내 사라에게 보낸 마지막 편지는 예수님이 제자들에게 남기신 마지막 말씀과 너무도 비슷하다. 친밀한 이들과 둘러앉은 그 다락방에서 그분은 사실상 이렇게 말씀하셨다.

"나는 곧 전쟁에 나간다. 너희가 마음에 근심하지 않기를 바란다. 나를 떠미는 것은 내 아버지의 나라에 대한 사랑이다. 나는 가지만 너희를 혼자 두지 않겠다. 내가 보낼 나의 영이 너희에게 위로가 필요할 때 이마 위를 미풍처럼 스치며… 내 사랑을 속삭여 줄 것이다. 나는 언제나 너희 곁에 있다…. 가장 즐거운 날에도, 가장 어두운 밤에도. 나는 너희 있을 곳을 준비하러 간다. 너희를 맞아들여 나 있는 곳에 너희도 있게 하려고… 언제나… 언제까지나"(요 14-17장 참조).

설리번 발루의 편지는 역사가에게 주는 의미가 있다. 언어학자에게 주는 의미는 그와 조금 다르다. 영화 제작자에게 주는 의미는 완전히 다르다. 세 경우 모두 타당한 연구 관점이다. 그러나 이 편지의 궁극적 의미는 사랑하는 두 사람의 관계에서만 찾을 수 있다. 그러한 기본 문맥 속에서 편지의 모든 말을 평가해야 한다. 말에 생명을 주는 것은 설리번과 사라 사이에 존재하는 사랑의 마음이다. 그 마음을 떠나서도 말은 얼마든지 내게 교훈도 주고 계몽도 주고 감동도 줄 수 있다. 그러나 사라의 심장을 꿰뚫은 것처럼 내 심장을 꿰뚫을 수는 없다. 사라가 간직해 온 것처럼 그렇게 간직될 수는 없다. 사라가 추억해 온 것처럼 그렇게 추억될 수는 없다. 사라가 자녀들에게 전수해 준 것처럼 그렇게 전수될 수는 없다.

성경은 뭐니뭐니해도 '연애 편지'이다. 그 편지에 적힌 말은 우리 마음밭에 떨어지는 씨와 같다. 기술만 좀 있으면 씨의 길이며 무게를 정확히 재며 연구도 할 수 있다. 그러나 그 씨에 생명을 불어넣는 데는 기술이 전혀 필요 없다. 그것은 오직 성령만이 하실 수 있는 일이다.

이는 성경을 통해서든 자연을 통해서든 삶의 상황을 통해서든, 우리 마음에 내려앉는 하나님의 모든 말씀에 똑같이 적용되는 사항이다. 우리에게 찾아오는 모든 말씀은 성령이 생명을 주시지 않는 한 땅 속에서 동면의 나날을 보낼 것이다.

거기서 기다릴 것이다. 조용히, 잠잠히… 비가 오기만을….

5 묵상하는 삶의 경작

정원 손질은 우리를 순간에 살게 한다. 지금 여기서 벌어지는 일에 승부를 걸게 한다. 식물은 인간처럼 속일 수 없다. 괜찮지 않은데도 괜찮다고 말하지 않는다. 경작에 가장 요긴한 재능이 단연 관찰인 이유가 거기 있다.[1]

주디스 핸델스먼(Judith Handelsman),
「자기 기르기: 정원 손질을 통한 신앙 여정
(*Growing Myself: A Spiritual Journey Through Gardening*)」

우리의 인생을 향한 하나님의 사명 선언서

> " 헌법은 살아 남아 오늘도 중대한 기능을 다하고 있다. 올바른 원리, 즉 독립 선언서에 담긴 자명한 진리에 기초하고 있기 때문이다. 사회가 불확실하게 변화하는 중에도 그 원리가 헌법에 시간을 초월하는 힘을 준다. 토머스 제퍼슨은 "미국 특유의 안전은 기록된 헌법의 보유에 있다"라고 말했다.
>
> 개인의 경우, 올바른 원리에 기초한 개인 사명 선언서(mission statement)가 그 같은 역할을 한다. 사명 선언서는 개인의 헌법이 된다. 인생의 방향을 가르는 중대한 결정의 기초가 된다. 삶에 영향을 미치는 온갖 상황과 감정 속에서 하루하루 내리는 결정의 기초가 된다.[1] "

스티븐 코비(Stephen R. Covey),
「성공하는 사람들의 7가지 습관(*The 7 Habits of Highly Effective People*)」

묵상하는 삶은 모든 성스러운 것에 대한 영적 감각을 키워 가는 생활 방식이다. 그 성스러운 것 중에 하나가 성경이다. 유대인들의 경우 모든 성경 중 가장 성스러운 본문은 '쉐마'

(Shema—끝 음절에 강세를 주어 읽는다)이다. 가장 성스러운 본문의 첫 단어 '듣다'라는 히브리 말을 소리나는 대로 적은 것이다.

"이스라엘아 들으라 우리 하나님 여호와는 오직 하나인 여호와시니 너는 마음을 다하고 성품을 다하고 힘을 다하여 네 하나님 여호와를 사랑하라"(신 6:4-5).

쉐마는 유대 신앙인들의 사명 선언서였다. 일에서 예배까지 삶의 모든 부분이 그것의 통제를 받았다. 이마에 차는 성구함에도, 문설주에 다는 메주자(Mezuzah)에도 그것이 들어 있었다. 조석으로는 물론, 최고의 성일인 속죄일 끝에도 그것을 외웠다. 죽을 때 마지막 읊조리는 말도 그것이었다.

이 명령은 구약의 심장이다. 그러나 어찌된 일인지 그 심장의 박동 소리는 덜 중요한 명령들의 그칠 새 없는 잡음에 잠식되어 왔다. 헌법의 단순한 원리가 보조 기능인 판례 기록에 밀리는 형국이다.

확인을 원했던 한 율법사가 예수님에게 물었다. "선생님이여, 율법 중에 어느 계명이 크니이까?" 예수님은 쉐마를 인용해 답하신 뒤 설명을 덧붙이셨다. "네 마음을 다하고 목숨을 다하고 뜻을 다하여 주 너의 하나님을 사랑하라 하셨으니 이것이 크고 첫째 되는 계명이요 둘째는 그와 같으니 네 이웃을 네 몸과 같이 사랑하라 하셨으니 이 두 계명이 온 율법과 선지자의 강령이니라"(마 22:34-40, 롬 13:8-10도 참조).

우리 신앙의 이 수평적 차원과 수직적 차원은 십계명을 주실 때로 거슬러 올라갈 수 있다. 첫 돌판에 새겨졌으리라 생각되는 첫 네 계명은 순전히 하나님과의 관계에 관한 것이다. 둘째 돌판에 새겨졌으리라 생각되는 나머지 여섯 계명은 순전히 이웃과의 관계에 관한 것이다. 두 돌판은 서로 인과 관계를 맺고 있다. 하나님을 사랑하면 그 사랑이 자연히 이웃과의 관계로 흘러넘치게 마련이다.

요한일서 4장 20절에 나오는 요한의 주장도 똑같은 인과 관계에 근거를 둔 것이다. "누구든지 하나님을 사랑하노라 하고 그 형제를 미워하면 이는 거짓말하는 자니 보는바 그 형제를 사랑치 아니하는 자가 보지 못하는바 하나님을 사랑할 수가 없느니라."

이웃을 사랑할 수 있으려면 우선 이웃을 '보아야' 하고 이웃의 말을 '들어야' 한다. 정원사가 식물을 관찰하는 식으로 관찰해야 하는 것이다. 새싹이 돋아날 때 지켜보아야 하고 뿌리가 시들시들할 때 물을 주어야 한다. 만약 우는 자의 눈물을 보고 즐거워하는 자의 웃음소리를 듣지 못한다면 함께 울고 함께 즐거워할 수 없는 일이기 때문이다. 이웃을 보고 듣는 법을 배울 수 있다면, 어쩌면, 정말 어쩌면, 하나님을 보고 듣는 법도 배울 수 있으리라. 그렇게 보고 들으며 비로소 사랑하는 길도 찾을 수 있으리라.

하나님과 다른 사람들을 뜨겁게 사랑하는 길을.

그것이 중요한 것이다.

중요한 '모든' 것이다.

하나님이 원하시는 모든 것이다.

그러나 그것을 이루는 데는 우리의 전부가 요구된다.

그것이 소위 묵상하는 삶의 사명 선언서이다. '보고 듣기만 잘하는 것이 아니라 더 잘 사랑하는 것.' 성스러운 모든 것을 더 잘 사랑하는 것. 한편, 모든 성스러운 것 중에서도 하나님과 그분이 애정의 대상으로 지으신 사람들보다 더 성스러운 것은 없다.

교회를 위한 단순한 사명 선언서

교회에서는 다른 곳에서 일어나지 않는, 어쩌면 '일어날 수 없는' 부류의 성스러운 일이 일어날 때가 있다. 스테인드 글라스 속에 얼어붙어 있던 성경의 일화가 한 줄기 아침 햇살에 돌연히 생명을 입고 살아나는 것 같은 일이다.

어느 주일, 나는 예수님이 율법사에게 주신 말씀의 스테인드 글라스가 생명을 입고 살아나는 것을 보았다. 여태 다니던 교회와 사뭇 다른 교회에 아내와 함께 우연히 발길이 닿았을 때였다. 예배 도중 나는 주님을 찬양하는 사람들의 얼굴에 기쁨의 눈물이 흐르는 것을 보았다. 앉아 있는 이들, 일어선 이들, 무릎 꿇은 이들, 팔을 높이 든 이들, 고개를 바닥에 조아린 이들.

찬양 후 목사의 설교가 있었다. 꼭 아버지가 말하는 것 같았다. 숙달되지 않은 몸짓, 세련되지 않은 설교, 그러나 가슴에서 우러난 솔직한 말이었다. 예배 후 목사와 지도자들은 기도 받기 원하는 이들을 위해 기도해 주었다. 마지막 한 사람이 기도를 받을 때까지 그들은 자리를 뜨지 않았다.

아내와 나는 그 다음주에도 마음이 끌려 그 곳에 가 있었다. 우리는 그 교회에서 벌어지는 일들을 조용히 눈여겨보았다. 그리고 우리는 알게 되었다. 머물 곳이나 따뜻한 식사나 깨끗한 옷이 필요해서, 혹은 단순히 얘기 상대가 필요해서 길을 가다가 교회에 들어오는 이들, 오로지 그런 이들을 맞아 주기 위해 주중에도 각 사역자가 매주 하루씩 교회에 나와 대기하고 있다는 사실을. 교인들 중에도 주중에 공원에 나가 집 없는 이들에게 점심 도시락을 전하는 이들이 있었다. 그리고 그들은 매주 한 차례씩 이 집 없는 사람들을 교회에 데려다가 따뜻한 식사를 대접한 뒤, 한 주 동안 필요한 식료품을 한두 보따리씩 들려 보내기도 했다.

그 교회의 모습이 전부 옳은 것은 아니었다. 그러나 심장은 옳았다. 내가 보기에 거기서 그리스도의 이름으로 행해지는 일은 과연 그분의 이름을 영화롭게 하는 것이었다. 그들이 하는 일에는 열정이 있었다. 하나님을 향한 그리고 사람들을 향한.

예배 드리는 모습에서 그것을 느낄 수 있었다. 가난한 이들을 돕는 모습에서 그것을 볼 수 있었다. 말보다는 그 삶이 내 마음을 움직였다.

신학교를 위한 단순한 사명 선언서

내 신앙 여정 여기저기, 그렇게 나를 움직인 이들이 있다. 헨리 나우웬(Henri Nouwen)을 생각해 본다. 훌륭한 분으로 생전에 서른 권이 넘는 저서를 남겼다. 대부분의 사람들은 그에 대해 잘 모른다. 그분은 천주교인이었다. 사람들이 그를 잘 모르는 이유 중 하나다. 그는 라디오나 텔레비전 명사가 아니었다. 또 하나의 이유이다. 그는 신부였고 예일, 노틀담, 하버드 교수였다. 그런 그가 학계를 떠나 정신 지체 장애인 공동체에 들어가 살았다. 그의 말이 아니라 그의 삶을 생각한다. 그의 삶에 대한 생각이 나를 깊이 움직인다. 어떤 설교도 어떤 세미나도 어떤 방송도 하지 못할 방식으로. 그의 삶은 나를 놓아주지 않는다. 가장 천국적인 방식으로. 어디를 가든 나를 따라다닌다. 시계(視界) 밖으로 놓아주지 않는다. 그의 삶은, 아프리카에 가서 말보다는 삶으로 설교한 알베르트 슈바이처의 삶처럼 나를 쫓아다닌다. 또는 예수님을 향한 사랑에 못 이겨 인도에 가 '가난한 자 중에 가난한 자'를 섬김으로써 그분을 섬겼던 테레사 수녀의 삶처럼.

이 세 사람은 나의 신앙 형성에 중요한 역할을 하였다. 그리스도께서는 마치 성찬처럼 친히 낮아지셔서 가난한 자들을 통해 오시거니와, 내게 그 가난한 자들의 성스러움에 대한 의식을 일깨워 준 사람들이 바로 이들이다. 이 세 사람은 내게 닮고 싶은 마음을 불러일으켰다. 그들을 닮는 것은 그리스도를 닮는 것이다. 그들의 삶 속에서 너무도 불가항력적으로 분명히 본 것은 바로 그리스도였기 때문이다.

이들이 내 신앙 형성에 중요한 역할을 한 것은 내가 다닌 신학교가 가난한 자들을 강조하지 않았기 때문이다. 거기서 강조한 것은 설교였다. "말씀을 전파하라." 이것이 신학교의 사명 선언서였다. 분명 고귀한 사명이다. 필요한 사명이다. 얼마나 필요한지 혹 궁금해 한 적이 있다면 로마서 10장 13-14절에 나타난 바울의 논리가 확신을 줄 것이다. 그는 우선 구약의 한 구절을 인용한다. "누구든지 주의 이름을 부르는 자는 구원을 얻으리라." 이어 그 구원에 이르는 단계를 추적해 올라간다. "그런즉 저희가 믿지 아니하는 이를 어찌 부르리요 듣지도 못한 이를 어찌 믿으리요 전파하는 자가 없이 어찌 들으리요."

정말 맞는 논리이다. 고린도전서 13장 1절의 논리도 그와 같다. "내가 사람의 방언과 천사의 말을 할지라도 사랑이 없으면 소리나는 구리와 울리는 꽹과리가 되고." 바울은 본질적으로 다음과 같이 말하는 것이다. 우리 인생의 사명 선언서는, 아무리 성경적인 사역일지라도 어떤 한 사역보다는 광범위한 것이라야 한다고. 말씀을 전파하라. 잃은 영혼을 찾으라. 성도를 양육하라. 모두가 그리스도의 몸을 위한 하나님의 사명의 한 부분이다. 그러나 그런 일들은 몸의 손과 발이지 심장이 아니다.

몸을 그 몸이 하는 일로 격하시키는 것은 엄연한 축소이다. 몸이란 일 이상의 것이다. 하나님도 그렇다. 그분에게는 많은 면이 있다. 전지하심도 그 중 하나이다. 무한성과 불변성도 있다. 얼마든지 많다. 그러나 하나님의 본체의 정수(精髓)가 담긴 한 가지 특성을 찾는다면 과연 전지하심을 꼽아야 할까? 혹은 불변성? 그렇지 않다고 본다. 하나님의 실체를 한 문장으로 압축 표현한 것을 찾는다면 그것은 요한이 고른 말이 될 것이다. "하나님은 사랑이시라"(요일 4:8). 그것이 그분의 심장이다. 그분이 하시는 모든 일에 고동쳐 흐르는 것이다(시 136편 참조).

사명 선언서의 초점이 우리의 일이 아니라 우리의 존재에 있을 때 그 파급 효과는 엄청난 것이다. 그 효과는 여러분과 내가 하루 스케줄을 짜는 방식, 교회가 예산을 배분하는 방식, 신학교가 교육 과정을 짜는 방식 등에 나타날 수 있다.

내가 신학교에 다닐 때, 학과목은 주로 우리의 은사 활용을 준비시키는 쪽으로 구성되어 있었다. 그리고 그 대부분은 가르침의 은사였다. 가난한 자 이야기는 연구 중인 본문에 거론될 때만 나왔다. 지금은 어떤지 모르지만 당시 그 신학교에 가난한 자를 돕는 전공은 없었다. 과목조차 없었다. 4년을 보내도록 단 한 시간도 그 주제에 대한 강의를 들어본 일이 없다. 교육 목표대로 우리가 전파해야 할 성경의 두 번째 큰 계명인데도 말이다.

그렇게 4년이 지나 학교를 졸업하면 어떤 일이 생길까? 물론 말씀을 전한다. 물론 배운 것만 전한다. 그것도 배운 방식 그대로.

"만일 이렇게 된다면, 저렇게 된다면?" 작가들이 이야기 전개를 위해 늘 던지는 질문이다. 그 질문이 없다면 결코 상상하지 못하게 될 뜻밖의 새로운 자리, 거기로 가게 하는 질문이다.

우리도 잠깐 상상해 보자.

만일….

만일 누군가 신학교에 나타나 교실을 다 비우고 사람들을 다 내보내고 달랑 건물만 갖고 다시 시작하게 된다면?

최고의 학자 중에서 뽑힌 교수 대신, 정상 대학에서 정상 학위를 받은 교수 대신, 학교측 교리 선언문의 모든 조항과 세부 조항에까지 동조할 수 있는 교수 대신, 만일 그들이 동조해야 하는 유일한 교리 선언서가 다음 두 가지 조항만 담고 있다면? "네 마음을 다하고 목숨을 다하고 뜻을 다하여 주 너의 하나님을 사랑하고, 네 이웃을 네 몸과 같이 사랑하라."

그들이 그리스 정교회든 아미쉬(Amish)든 침례교든 감리교든 오순절파든 복음주의든 개신교든 천주교든 그것이 하나도 중요하지 않다면? 하나님과 다른 사람들을 향한 사랑의 열정만이 중요한 것이라면?

묵상하는 삶의 경작

사명 선언서가 "말씀을 전파하라"에서 "네 마음을 다하고 목숨을 다하고 뜻을 다하여 주 너의 하나님을 사랑하고, 네 이웃을 네 몸과 같이 사랑하라"로 바뀐다면?

그렇다면 교육 과정은 어떻게 달라질까? 학생들은 어떻게 달라질까? 지원하는 학생들 부류는 물론 졸업하는 학생들의 모습은?

우리의 교회는 어떻게 달라질까?

우리의 세상은?

우리의 삶의 교육 과정을 구성하는 모든 만남과 활동이 이 한 가지 위대한 사명─하나님을 뜨겁게 사랑하고, 그 풍성한 사랑이 우리 삶에서 흘러 나와 주변의 모든 이들을 흠뻑 적시게 하는 것─에 의해 결정된다면?

우리의 스케줄은 어떻게 달라질까?

우리가 살아가는 방식은?

우리의 삶을 위한 단순한 사명 선언서

당신을 진정 사랑하는 사람이라면, 그 한 사람이 당신의 삶에 가져다 줄 수 있는 변화는 엄청난 것이다. 우리 할머니를 생각한다. 나를 그렇게 사랑하신 분이다. 웃음 많고 장난기 많은 분이신지라 늘 같이 있어도 마냥 즐거웠다. 어른들은 아이들이 곁에 있으면 곧잘 귀찮아하게 마련인데, 할머니는 한 번도 우리를 그렇게 대하시지 않았다. 그분만은 예외이셨다. 적어도 손자 손녀들한테만은. 내가 할머니 집에 가서 본, 지금도 기억나는 것 중 하나는 할머니가 홑이불을 뜯어 선교사들에게 보낼 붕대 타래를 감으셨던 것이다. 할머니는 해마다 한 차례씩 우리 집에 오셨는데 그때마다 불룩한 가방에 온갖 약품을 가득 채워 오셨다. 그 중에는 페퍼민트 쉬냅스(Peppermint Schnapps)라는 약용 술도 있었다. 물론 우리에게 나눠 줄 '조그만 것' 들도 있었다. 사탕이랄지 그림책이랄지, 그 밖에도 방문길에 가져오시려고 어디선가 구해 두셨던 조그만 물건들이었다. 할머니는 무(無)에서 구워 낸 음식 냄새로 온 집안을 진동케 하셨고, 아이들에게 카드 놀이를 가르쳐 식탁에 둘러앉아 어른들과 게임도 하게 하셨다. 할머니는 또한 온 집안을 예수님 이야기로 가득 채우셨다. 그 중에는 오는 길에 비행기 안에서 만난 사람 이야기가 언제나 빠지지 않았다. 할머니는 여행할 때마다 옆자리에 앉은 사람에게 먼저 말을 거셨다. 상대방이 어떤 사람이든 전혀 상관하시지 않았다. 고등학교 중퇴생도 좋고 대기업 간부도 좋았다. 할머니의 대화는 언제나 한 가지 질문으로 이어졌다. "주님을 사랑하십니까?" 주님을 '아십니까' 도 아니고 '믿으십니까' 도 아니고, "주님을 사랑하십니까?"였다.

물론 오실 때마다 나한테도 똑같이 묻곤 하셨다. 물론 내 대답은 "네"였다. 껴안을 수도 없고 함께 카드 놀이도 할 수 없는 분을 사랑한다는 것이 어떤 의미인지는 잘 몰랐지만. 지금 생각해 보면 내가 매번 "네"라고 대답했던 것은 할머니를 실망시켜 드리고 싶지 않아서였던 것 같다. 주님을 사랑하는 것이 할머니에게는 중요하다는 사실을 나는 알고 있었다. 나는 할머니를 사랑했기에 그것은 내게도 중요한 것이 되었다. 하룻밤 사이에가 아니라 오랜 세월이 지나면서 된 일이다. 사랑이란 그렇게 접촉하여 옮아가는 속성이 있다.

할머니가 내 어린 마음에 심어 놓으신 그 질문에 어떤 영적 에너지가 숨어 있었는지 아무도 모른다. 어쩌면 그 에너지의 일부가 후에 나를 신학교에 데려다 놓았는지도 모를 일이다. 할머니에 대한 추억을 돌아보노라면, 그분이 강조했던 것이 정말 옳았다는 생각이 든다. 질문에 사용한 단어뿐 아니라 삶을 살아간 방식까지. 지금은 가고 안 계시지만, 그분이 사셨던 방식은 여전히 내 안에 살아 있다.

그분의 질문도.

얼마나 생생히 살아 있는지, 후에 토레이(R. A. Torrey)의 말을 접한 후에야 알았다. 신학교 졸업하고 오래 있다 접한 말인데, 할머니의 질문처럼 지금껏 내 마음에서 지워 내지 못하고 있다. 그 단순하면서도 위력적인 논리가 가슴을 한 방 치듯 나를 때렸다. 이런 말이다. "마음과 목숨과 힘을 다하여 하나님을 사랑하는 것이 가장 큰 계명이라면 그분을 그렇게 사랑하지 않는 것은 가장 큰 죄라는 결론이 나온다."

이 논리에서 피하여 숨을 곳이 있을까? 삶의 어느 모퉁이로

달아나야 가릴 수 있을까? 일단 듣고 나면, 어찌 남은 평생 어깨 너머 쫓아오는 그 발자국 소리에 귀를 막을 수 있을까? 일단 들었기 때문에 쫓아올 것이다. 어쩌면 영원히. 그러기를 바란다. 길가에 메아리 치는 그 묵직한 발소리를 다시 한 번 들어 보라.

"마음과 목숨과 힘을 다하여 하나님을 사랑하는 것이 가장 큰 계명이라면 그분을 그렇게 사랑하지 않는 것은 가장 큰 죄라는 결론이 나온다."

신학교에서 많은 죄를 말했거니와 그 모든 죄 중에 이 죄에 대한 것은 한 번도 없었다. 단 한 번도.

슬픈 일 아닌가?

그보다 더 슬픈 일은 내가 그 이유에 궁금증을 갖는 데 무려 20년이나 걸렸다는 점이다.

대학 교수도 아니고 교회 목사도 아닌 그저 글만 쓰는 작가의 삶에는 축복과 저주가 함께 따라다닌다. 저주인 까닭은 그 삶이 주로 오랜 고독의 시간으로 점철된 외로운 삶이기 때문이다. 축복인 까닭도 정확히 똑같다. 내 직업은 생각할 수 있는 시간이 아주 많다. 감사한 점이다. 나이가 들수록 생각 속에 상당량의 불안이 기어 들어오는 것을 깨닫곤 한다. 예를 들어 시리얼 상자를 읽어도 안에 들어 있는 경품을 찾기보다는 섬유질 함유량을 찾게 된다. 음식으로 산수를 하기 시작한다. 지방 칼로리 한 계량 도달 여부를 알기 위해 늘 누계치를 계산해야 하는 것이다. 전에 없이 조금만 아프고 쑤셔도 신경을 쓰거나 강박 관념에 빠지기 시작한다. 내 증상이 아직 치료책이 나와 있지 않은 입에 담지 못할 끔찍한 병의 증세는 아닌가 하여 가정 의료 책자를 들춰본다.

내가 최근 생각한 것은—더욱 건강한 불안감으로—이런 것이다. 하나님을 기쁘시게 하는 삶이란 어떤 삶인가? 삶의 종착지가 가까워 올수록 중요한 질문은 그것밖에 없는 것 같다. 내가 살고 있는 삶은 하나님을 기쁘시게 하는 것인가?

잠 못 이루게 하는 질문이다. 마땅히 그래야 한다. 이불을 덮고 베개를 벨 때 우리는 이 질문을 해야 한다. 우리의 하루를 하나님의 임재 앞에 내어 놓고 그분의 살피심을 받기 위해. "하나님, 오늘 제가 산 삶은 하나님을 기쁘시게 하는 것이었습니까?"

그런 질문에 "예"라고 대답할 수 있으려면 스케줄 목록에서 얼마나 많은 것을 제해야 하는 것일까? 그 모든 일들을 다 마치고 잠자리에 들 수 있으려면 얼마나 많은 질문을 통과해야 하는 것일까?

딱 하나면 된다.

나는 오늘 사랑하며 살았나?

그리스도인의 삶의 비밀에 대한 질문에 어거스틴은 이렇게 답했다. "하나님을 사랑하라. 그리고 하고 싶은 대로 하라." 자유와 구속을 동시에 주는 생각이다. 자유라 함은 무엇이든 우리 마음대로 할 수 있기 때문이다. 구속이라 함은 하나님께 대한 사랑이 그 자유를 제한하기 때문이다. 모든 생각, 모든 행동, 모든 대화가 거기에 지배당한다. 우리 삶의 하루하루, 그 하루의 순간순간이 그렇다. 우리 삶의 세부 사항을 지배하는 것은 비잔틴의 복잡한 법전이 아니라 딱 한 가지 법뿐이다. 하나님을 사랑하는 것. 그것이 우리 존재의 심장이 될 때 행동은 자연히 달라지게 되어 있다. 달라지는 것이 또 있다. 우리가 받을 심판이 달라질 것이다.

십자가의 성 요한(St. John of Cross)은 말했다. "하루가 저물 때 우리는 사랑한 것을 기준으로 심판받을 것이다." 하루를 돌아볼 때 정말 중요한 것은 '무엇을' 했느냐가 아니라 그것을 '어떻게' 했느냐이다. 적은 사랑으로 많은 일을 하는 것보다 많은 사랑으로 적은 일을 하는 것이 낫다. 하늘의 심판에서는, 무슨 일을 하더라도 사랑이 없으면 마치 수많은 경범죄 재판처럼 손 한 번 흔드는 것으로 간단히 처리될 것이기 때문이다(고전 13:1-3).

하루가 끝나고 각자 침대에 누워 생각에 잠긴다. 나는 오늘 사랑하며 살았나? 내 모든 활동에 고동치던 심장 박동은 과연 사랑이었나? 그것이 내 모든 대화에 나타났나? 내 눈빛에 나타났나? 내 앞에 있는 사람들이 느낄 수 있었나? 내가 오늘 말한 진리는 사랑으로 한 것인가? 오늘 내린 결정은 사랑에 기초한 것인가? 내 반응은? 내 신앙은?

나는 사랑하며 살았나?

그 질문에 "예"라고 답할 수 있다면 그걸로 족하다.

우리의 상사에게는 족하지 않을지 모른다. 직장 동료에게는 족하지 않을지 모른다. 모임이나 회의나 일정표의 다른 모든 일들에게도 족하지 않을지 모른다.

우리 자신에게조차 족하지 않을지 모른다.

그러나 하나님께는 그것으로 족하다.

그렇다면 우리도 그것으로 족해야 한다.

영적 감수성을 키워 주는 마음의 습관

" 묵상 없이 읽으면 건조하고 읽지 않고 묵상하면 오류에 빠진다.
묵상 없는 기도는 미지근하고 기도 없는 묵상은 열매가 없다.¹⁾ "

> 구이고(Guigo),
> *The Ladder of Monks*(수도승의 사다리), "12세기 신앙 훈련 규범."

매주 우리는 교회에 모여들어 좌석에 편히 앉아 틀에 박힌 의식에 몰두한다. 고전 찬송을 몇 곡 부르고 옛적 신앙 고백을 외운 뒤 등을 기대고 앉아 주일 설교를 듣는다.

솔직히 졸면서도 거의 할 수 있는 일들이다. 진짜 그럴 때도 있다.

흘러간 시절의 장중한 가사를 듣지만 여러 세기 지나는 동안 그 생명력을 잃은 듯할 때가 많다. 개혁가들의 확고한 신앙 고백을 듣지만 멀리 예배당 바닥에 울려 퍼지는 발자국 소리처럼 공허해 보인다. 하나님의 말씀을 듣지만 기껏 지식의 먼지나 일으키며 머리 속만 맴돌기 일쑤이다.

어쩌다 뜨거운 도전이 마음에 와 닿을 때도 있지만, 그 씨가 떨어지는 마음밭이 다른 사랑하는 것들로 꽉차 있거나 너무 걱정에 싸여 있어서 영원한 것이 우리 삶에 뿌리내릴 공간이 거의 없다.

개인 경건 생활에도 똑같은 일이 자주 벌어진다. 성경을 읽고 교재의 빈칸을 채우고 요절을 외우지만 줄곧 의아한 생각뿐이다. 왜 이렇게 성장이 더딜까? 왜 이렇게 열매가 적을까? 왜 이렇게 해가 바뀌어도 늘 똑같은 잡초가 기승을 부리는 것일까?

원인의 일부는 우리가 마음에 키워 온 습관에 있다기보다는 오히려 키우지 못한 습관에 있는지도 모른다. 마음을 열어 그 씨를 받아들일 수 있도록 좀더 묵상하는 삶의 방식을 길러 주는 습관.

세 가지 습관

묵상하는 삶을 길러 주는 세 가지 마음의 습관이 있다. 순간을 읽는 것, 순간을 묵상하는 것, 순간에 반응하는 것.

이 습관은 성경 본문, 사진, 거리의 사람, 잡지 광고, 영화, 자연 등 우리가 보고 듣거나 어떤 식으로든 경험할 수 있는 것이면 무엇에나 적용될 수 있다.

이 습관은 간단하다.

순간을 읽기: 눈으로 표면에 있는 것을 보는 것이다.

순간을 묵상하기: 생각으로 이면에 있는 것을 보는 것이다.

순간에 반응하기: 마음에 그 관찰한 바가 머무를 자리를 내주어서 위로 하나님, 밖으로 다른 사람들을 향해 자라게 하는 것이다.

성경에는 이런 습관을 키운 사람들이 즐비하다. 하나님의 말씀뿐 아니라 자연이나 역사나 삶의 상황 속에 보이는 그분의 모습에도 민감하게 된 사람들이다. 이삭은 저물 때에 들에서 묵상했다(창 24:63). 다윗은 밤중에 침상에서 묵상했다(시 63:6). 솔로몬은 낮에 밭에서 묵상했다(잠 24:30-32). 시편 기자는 하나님의 율법과(시 1:2) 자연과(시 19:3) 그분의 기사(奇事)와 (시 119:27) 성품을(시 139:1-17) 묵상했다. 마리아는 천사가 전한 인사와(눅 1:29) 목자들이 해준 이야기와(눅 2:19) 예수님이 열두 살 때 하신 말씀을(눅 2:51) 묵상했다. 베드로는 환상 중에 계시된 난해한 장면을 묵상했다(행 10:19). 바울은 이스라엘 역사의 사건들을 묵상했다(고전 10:1-11). 본래, 히브리서는 그 전체가 구약의 상징과 예식의 숨은 뜻에 대한 묵상이다.

말씀 연구에 적용한 세 가지 습관

신자들의 교회사를 보면 하나님의 말씀을 읽고 묵상하고 그 묵상을 기점 삼아 기도로 반응하는 전통이 장구한 세월 끊이지 않고 이어져 왔다. 이는 하나님의 말씀을 흡수하는 자연스런 과정이다. 말씀을 읽되 묵상이 없으면 진수성찬이 차려진 식탁에 앉아 음식을 쳐다만 보고 먹지 않는 것과 같다. 말씀을 묵상하되 기도로 반응하지 않으면 음식을 씹기만 하고 삼키지 않는 것과 같다. 영혼에 양분을 섭취하는 방식은 육체에 양분을 섭취하는 방식과 비슷하다. 우선 식탁에 앉아 음식을 한 입 베어 문다. 다음 씹는다. 그 다음 삼킨다. 그래야 한입 한입 식사가 소화, 흡수될 수 있다. 영혼에 양분을 흡수함에 있어 이것은 자연스런 과정일 뿐 아니라 필수적인 과정이다.

말씀 묵상의 유익은 시편 여러 곳(19:7-11; 119:11; 97-100편), 특히 시편 1편에 잘 나타나 있다.

> 복 있는 사람은 악인의 꾀를 좇지 아니하며 죄인의 길에 서지 아니하며 오만한 자의 자리에 앉지 아니하고 오직 여호와의 율법을 즐거워하여 그 율법을 주야로 묵상하는 자로다 저는 시냇가에 심은 나무가 시절을 좇아 과실을 맺으며 그 잎사귀가 마르지 아니함 같으니 그 행사가 다 형통하리로다(1-3절).

'묵상하다'라는 히브리어 단어는 '중얼거리다, 나지막이 소리내다'라는 뜻이다. 비둘기가 정답게 '구구' 하는 소리, 사자가 저음으로 으르렁거리는 소리, 하프의 감미로운 음악 소리 등에 사용되는 단어이다. 말씀을 마음속으로 곰곰 생각하고 또 생각하는 것이 성경을 묵상하는 이들의 습관이었다. 그 과정에 말씀을 입으로 말하게 되는데 그 낮은 목소리가 꼭 중얼거리는 소리처럼 들릴 때가 많았다. 묵상의 장소는 이른 아침 산책길, 오후의 정원 벤치, 밤중의 침상 등 어디나 좋았다. 말씀을 곰곰 묵상하는 것은 마치 뿌리 자극제와 같아서, 말씀이 더욱 빨리 더욱 깊이 마음에 스며들게 해주었다.

이 묵상의 과정은 기계적 동작이 아니다. 시편 1편 2절의 '묵상하다'라는 말과 나란히 등장하는 '즐거워하다'라는 말을 잘 보라. 이 두 단어가 짝을 이루고 있다는 것은 묵상의 과정에 머리와 가슴이 둘 다 반드시 필요함을 보여 주는 것이다. 나무의 수액과 목질 섬유처럼. 섬유는 없고 수액만 있으면 형체 없는 생명이 된다. 수액은 없고 섬유만 있으면 생명 없는 형체가 된다.

'즐거워하는' 것은 성경에서 가장 긴 장이자 거의 전적으로 하나님의 말씀에 대해 말하고 있는 시편 119편의 중심 주제이다(16, 24, 35, 47, 70, 77, 92, 143, 174절). '묵상하다'라는 말과 같이 이 단어에도 재미있는 뜻이 있다. '들뜬 마음으로 주의를 기울인다'는 뜻이다. 시편 기자에게 하나님의 말씀은 많은 연구 주제 중 하나가 아니라 '가장 좋아하는' 주제이다. 밤을 밝히는 것이요(시 63:6), 아침에 깰 때에도 함께 있는 것이다(시 139:18).

정금을 만지거나 송이꿀을 맛보는 사람이 즐거운 것처럼(시 19:7-11) 그는 말씀이 그렇게 즐겁다. 열왕기상 10장 13절에도 이 단어가 쓰였다. 솔로몬은 스바 여왕을 왕궁으로 안내하여 그의 모든 부와 금방패 부대와 금으로 입힌 상아 보좌와 순금잔과 보석과 외국산 동물과 산해진미와 끝없이 시립한 멋진 복장의 신하들과 여호와의 전에 올라가는 웅장한 층계를 보여 주었다. 모두가 어찌나 장관이던지 이를 본 여왕이 '정신이 현황'했다고 되어 있다(왕상 10:5).

여왕이 정신을 차리고 솔로몬에게 말한다. "내가 내 나라에서 당신의 행위와 당신의 지혜에 대하여 들은 소문이 진실하도다 내가 그 말들을 믿지 아니하였더니 이제 와서 목도한즉 내게 말한 것은 절반도 못되니 당신의 지혜와 복이 나의 들은 소문에 지나도다"(왕상 10:6-7). 그러자 솔로몬은 여왕에게 쇼핑용 손수레를 밀고 왕궁을 돌며 무엇이든 마음내키는 대로 취하게 한다. 여왕의 '소원대로'(13절) 준 것이다. 여기 '소원'이라는 말이 시편 1편에 '즐거워하다'로 번역된 말과 같은 단어이다.

하나님의 말씀에 이런 자세로 나아가는 자를 성경은 나무에 비유하고 있다. 그저 아무 나무가 아니다. 시냇가에 서서 그 위로 아치를 그리고 있는 나무이다. 여기 '시내'로 번역된 말은 실은 '수로'를 뜻하는 전문 용어이다. 여기 이 단어가 사용된 점으로 보아, 지금 우리가 보고 있는 그림이 날씨에 따라 홍수에 잠기거나 말라 죽을 수도 있는 강변의 나무가 아니라는 것을 알 수 있다. 이 나무는 정원에서 자라는 나무이다. 당시 동양의 정원은 대개 담이 둘려 있었고(잠 24:31, 사 5:5) 가로 세로로 도랑이 파져 있었다. 정원의 나무들은 수목을 살피고 물길을 관리하는 정원지기의 보살핌 속에서 자랐다(신 11:10).

이렇게 잘 보호받는 좋은 경작지에서 나무는 무성하게 자랐다. 안정과 안전과 아름다움과 생명과 생산력이 있는 그림이다. 시편 전체의 서두에 바로 이런 나무의 모습이 등장한다. 마치 금테 두른 가죽 장정 고서(古書)의 웃덮개로 씌운 얇은 반투명 용지에 그린 권두화 같다고나 할까. 그 주제가 시편 전체에 가지를 뻗다가 119편에서 극치에 이른다. 말씀 묵상의 열매가 온 가지에 주렁주렁 매달린 그림이다.

〔이 주제에 대해 좀더 자세히 알려면 219-234쪽을 보라. 묵상집 *Reflections on the Word*(말씀 묵상)에서 견본을 몇 개 골라 실었다.〕

일기에 적용한 세 가지 습관

헨리 데이비드 소로(Henry David Thoreau)는 1851년 8월 5일 일기에 이렇게 적었다. "무엇이 보이느냐가 문제가 아니라 무엇을 보느냐가 문제이다."[2]

그것이 일기의 유익 가운데 하나이다. 일기는 눈앞에 보이는 것을 제대로 보게 해준다. 일기를 쓰는 것은 하루 중 우리의 주의를 끈 순간을 즉석 사진기로 찍어 두는 것과 같다. 필름 대신 글로 하는 것뿐이다. 그러나 필름과 마찬가지로, 그냥 보이던 것들이 글을 쓰는 사이 우리 눈앞에 현상되어 전에 못 보던 것들을 밝히 보게 될 때가 많다.

매일의 삶의 순간들에 대한 나의 묵상은 대부분 뒤죽박죽이다. 그 중에는 일기에 기록되는 것도 있고, 오랜 세월 상자에 처박아 둔 하찮은 것들 뭉치에 끼는 신세가 되는 것도 있다. 책에 실리는 것도 있다. 행방이 묘연한 것도 있다. 어딘가 적어 둔 것은 아는데… 어딘지 기억이 안 난다.

중요한 것은 묵상을 일기에 기록하는 것이 아니라 마음에 기록하는 것이다. 그러나 묵상 내용을 찾을 수 없다면 십중팔구 도중에 날리고 말 것이다. 그래서 일기가 유익한 것이다. 일기에 어느 정도 질서를 주는 것도 그래서 유익하다. 그 질서는 시간 순서일 수도 있고 주제별일 수도 있다. 내 일기는 대부분 시간 순서로 되어 있다. 띄엄띄엄 마음내킬 때마다 쓰는데, 페이지마다 내용이 다르다.

예를 들어 일년 동안 읽은 책과 본 영화를 쭉 적어 놓은 페이지도 있다. 소위 흔적을 표시하는 방식이다. 신앙의 순례 여정에서 다다른 곳이 어디이고 거기서 받은 영향이 무엇인지 잊지 않기 위한 것이다.

유대인 대학살 다큐멘터리 영화 〈Shoah(쇼아)〉를 보고 거기에 대한 신문 평을 오려 붙인 페이지도 있다. 역시 잊지 않기 위해서이다.

수집한 인용문을 적어 둔 페이지도 있다. 스코틀랜드 작가 조지 맥도널드(George MacDonald)가 쓴 다음 인용문은 특히 묵상 거리로 아주 좋다.

하나님은 어떤 문이든 강제로 열고 들어오시지 않는다. 집 주위에 폭풍을 보내실 수도 있고, 경고의 바람으로 문과 창이 홱 열리게 하실 수도 있고, 집을 기초까지 흔들어 놓으실 수도 있다. 그러나 그 틈에 억지로 드시지는 않는다. 사랑의 하나님의 발이 문턱을 넘으려면 우리가 자원하는 손으로 문을 열어야 한다. 하나님은 문이 안쪽에서 열리는지 그것만 보고 계신다. 모든 폭풍은 하나님의 사랑의 엄습에 지나지 않는다. 두려운 하나님은 사랑의 하나님의 이면일 뿐이다. 그것은 겉으로 보이는 사랑이요, 속에 있는 것은 사랑이 들어가기 전에는 집은 집이 아니요 하나의 공간일 뿐임을 아는 그런 사랑이다.

삶에 대한 넋두리가 담긴 페이지도 있다. 마음씨 좋게도, 여러분에게 그것을 듣게 하지는 않겠다.

친구의 편지를 옮겨 적은 페이지도 있다. "켄에게. 2월 24일 수요일, 내 친구 팀이 에이즈 합병증으로 죽었다네…."

딸 켈리가 팀의 얼굴을 그리고 자기 생각을 써넣은 것을 붙여 놓은 페이지도 있다.

그 다음 페이지는 큰딸 그레첸이 팀의 얼굴을 그린 뒤 자기 생각을 써넣은 것이다. "어젯밤 우리 집안의 한 친구분이 돌아가셨다. 브로드웨이에서 연극을 하던 분이셨다.… 이름은 팀. 우리와 같이 크리스마스를 보낸 일도 있다. 우리에게 멋진 춤 스텝도 가르쳐 주셨었다. 나는 그분이 참 좋았다. 아주 점잖고 친절한 분이셨다."

아내가 팀을 기념하여 준비한 추수감사절 식사, 그 식사를 마친 후 적었던 묵상이 담긴 페이지도 있다.

인생에 대해 하나님과 대화의 물꼬를 열게 하는 이런 순간들. 일기란 바로 그런 순간들을 모으는 작업이다. 인생 전반에 대해서 뿐 아니라 구체적으로 나 자신의 인생에 대해서도. 위의 경우, 일기는 친구의 죽음에 대해 하나님과 대화의 길을 열어 주었다. 우리 아이들에게 어떻게 말해 줄 것인가에 대해서도. 에이즈를. 동성애를.

묵상은 질문으로 이어졌다. 예수님이라면 팀에게 어떻게 반응하셨을까? 전화 통화 때 뭐라고 말씀하셨을까? 편지에 뭐라고 쓰셨을까? 강도 만난 그를 그분은 사랑하셨을까? 그렇다면, 그를 만지셨을까? 어깨에 지고 가셨을까? 상처를 닦아 주셨을까? 보살펴 주셨을까?

분명 그러셨을 것이다. 두말할 필요도 없다. 그 외에 우리가 어떤 생각을 할 수 있으랴.

그러나 그런 질문에 답을 찾으려면, 하나님이 길가에서 죽어가는 이웃에게 우리가 어떻게 사랑을 보이기 원하시는지 알려면, 그런 질문을 일기에 글로 써야 할 때가 있다.

소로우의 표현대로 일기는 눈앞에 보이는 것을 제대로 볼 수 있게 해준다. 한 사람의 삶의 이면을 보게 해준다. 예컨대 팀의 성적인 성향 이면에 한 인간으로서의 그가 있음을 보게 해준다. 한 여자에게 누군가의 아내라는 사실 이상의 것, 심지어 여성으로서의 존재 이상의 것이 있음을 보게 해준다. 공화당원에게 그의 정치 노선 이상의 것이 있음을. 민주당원에게도.

우리에게는 사람들한테 보이는 것 이상의 것이 있다.

사람들의 일기를 엿볼 때 우리는 여태 보지 못했던 많은 것을 보게 된다. 화장기 없는 얼굴에 엉클어진 머리의 그들을 보게 된다. 그렇게 볼 때 그들을 더 잘 이해할 수 있을 뿐 아니라 더 잘 사랑할 수 있다. 그러나 일기란 대부분 매우 사적인 것이다. 그럼에도 이따금씩 누군가의 일기가 출판되어, 전혀 상상도 못했던 식으로 그들을 보게 될 때가 있다.

일기란 그 어떤 글보다도 그것을 쓴 사람을 가장 잘 알 수 있게 해주는 글일 것이다. 예를 들어, 책은 처음부터 끝까지 교정을 보고 다시 써서 편집을 거치게 되어 있다. 존 스타인벡(John Steinbeck)의 「분노의 포도(*The Grapes of Wrath*)」를 읽고 산문의 뛰어난 기량은 물론 인간 조건에 대한 통찰까지 흠모의 눈으로 바라보던 일이 기억난다. 스타인벡은 노벨상 수상 작가이다. 통찰력이 있는 것은 당연하다. 자기 기량에 자신이 있는 것도 당연한 일이다.

그러나 당연한 것과 실제는 달랐다. 어느 날 나는 한 헌책방의 선반을 둘러보다가 그의 눈부신 산문의 이면을 보았다. 낯선 책등에 적힌 낯익은 그의 이름이 내 시선을 사로잡았다. 책의 제목은 *Working Days*(일하는 날). 스타인벡이 「분노의 포도」를 집필하는 동안 쓴 일기였다. 그 책을 통해 나는 소설 제목이 그의 아내에게서 나온 것임을 알았다. 남북전쟁 찬가에 나오는 그 문구에 소설의 본질이 그대로 담겨 있다고 생각했던 것이다. 또 알게 된 것은 자료 조사가 대부분 직접 관찰이 아니라 타인의 눈을 통한 것이었다는 점이다. 출처는 이주(移住) 노동자들을 연구한 한 남자로서, 작업 현장마다 동행하며 그들의 대화와 말씨와 비유적 표현 따위를 귀담아들었던 사람이다. 또 스타인벡이 자기 재능에 전혀 자신이 없었다는 것도 알게 되었다. 그는 자신에 대해 깊은 회의에 빠져 있었다. 지지부진한 작업 속도에 마음졸였다. 마감 날짜에 맞출 수 있을지, 자기 작품이 과연 괜찮은 것인지 자신이 없었다. 또한 마침 개축 중이던 옆집에서 들려 오는 온갖 소음 방해에 신경이 거슬렸다. 이 이야기를 하는 것은 스타인벡의 더욱 정확한 모습이 소설이 아닌 일기에 들어 있다는 점을 말하기 위해서이다.

내 일기, 특히 작가로서 자리잡던 시기에 쓴 일기를 다시 보면, 언제나 전에 못 보던 부분이 눈에 띈다. 한때의 내 모습, 되어가는 과정 중의 모습이 하루하루의 기록 속에 들어 있다. 내가 보기에 그것은 책 날개의 저자 사진이라기보다는 우체국에 붙은 수배자 벽보 같은 것이다. 그 사진은 불확실, 불안, 반성, 근시안, 그리고 낙관론과 비관론 사이의 그네 타기로 점철되어 있다. 그것이 그때 내 모습이었다. 그리고 일부는 지금의 내 모습이기도 하다.

일기란 그 그림을 간직해 주는 것이다. 그것을 보게 해주시는 분은 성령이다. 당시에는 그것이 보이지 않았다. 지금은 분명하다. 그것을 기록할 당시만 해도 수박 겉 핥기 식 읽기를 벗어나지 못했다. 세월이 흐른 뒤에야 일기의 묵상을 통해 뭔가 얻을 수 있게 되었다. 그리고 그렇게 묵상한 후에야 반응할 것도 찾을 수 있었다.

그래서 일기가 중요하다는 것이다. 삶의 순서를 적어 두는 스크랩북이 아니라 삶을 묵상하는 방편으로서. 그 묵상을 통해 우리는 과거 자신의 모습과 이력을 더 잘 이해할 수 있다. 현재 가고 있는 방향과 내면의 동인(動因)을 더 잘 이해할 수 있다. 그 방향이 자신과 이웃에게 해로운 것일 경우, 어떻게 바꾸어야 하는지 더 잘 알 수 있다.

이렇듯 일기는 우리 자신을 더 잘 이해하는 길일 뿐 아니라 우리 자신을 더 잘 사랑하는 길이다. 하나님이 우리를 사랑하시는 식으로. 자신을 사랑하고 보살피되 그분이 원하시는 식으로. 선한 사마리아인이 강도 만난 자를 보살펴 준 식으로.

이웃을 더 잘 사랑하고 자신을 더 잘 사랑하는 것, 그것만으로도 일기 쓰기의 충분한 이유가 된다. 그러나 더 중요한 이유가 있다.

일기를 쓰는 가장 중요한 이유는 우리의 삶 속에 무시로 하나님이 나타나신다는 사실 때문이다. 일상의 매순간을 '읽을' 때 그분이 나타나시는 것을 볼 수 있다. 일상의 매순간을 '묵상할' 때 그분이 말씀하시는 것을 들을 수 있다. 일상의 매순간에 '반응할' 때 자신의 삶을 잃고 하나님이 원하시는 삶을 얻을 수 있다. 그런 삶을 살 때 일상의 순간은 믿음의 고백이 된다. 하나님이 우리의 주인이시며 우리는 그분의 뜻을 행하도록 여기에 두신 그분의 종이라는 고백.

그 뜻 중에는 성경에 계시되어 있는 것도 있다.

우리 삶의 상황 속에서 계시되는 것도 있다.

일기는 하나님이 그런 상황을 통해 하시는 말씀을 잘 분별할 수 있게 해준다. 하나님이 우리를 이처럼 사랑하사 당신의 말씀 자체이신 그 아들을 보내신 것은 우리를 위해 죽으실 뿐 아니라 우리를 위해 사시게 하려 함이요, 세상 끝까지 우리와 함께 하실 뿐 아니라 그 여정 내내 우리와 말씀하시게 하려 함이기 때문이다.

〔일기 쓰기에 대해 좀더 자세히 알려면 235-268쪽을 보라. 일기집 *Reflections on Your Life*(생활의 묵상)에서 견본을 몇 개 골라 실었다.〕

삶의 스케줄에 적용한 세 가지 습관

오늘 우리 앞에 놓인 접시들은 역사상 어느 때보다도 좋은 온갖 요리로 가득 차 있다. 비행기, 배, 기차, 자동차는 원하는 곳이면 어디든 우리를 데려다 놓는다. 비포장 지역도 가리지 않는다. 라디오와 읽을 거리가 있으니 가는 길이 지루해질 일도 없다. 우리의 삶을 더 재미있게 해주는 스포츠가 있다. 우리의 삶을 더 맵시 있게 해주는 옷이 있다. 우리의 삶을 더 신나게 해주는 취미가 있다. 우리의 삶을 더 즐겁게 해주는 텔레비전, 영화, 연극이 있다. 우리의 삶을 더 깨이게 해주는 책, 잡지, 신문이 있다. 우리의 삶을 더 편리하게 해주는 연장, 전자 제품, 컴퓨터가 있다. 우리의 삶을 더 여유롭게 해주는 휴가가 있다. 우리의 삶을 더 깊이 있게 해주는 교육의 기회가 있다. 우리의 삶을 더 풍요롭게 해주는 사회 행사, 소그룹 모임, 교회가 있다. 우리의 삶을 더 보람있게 해주는 자원 봉사의 기회가 있다.

이 모든 것들로 가득 찬 삶인데 더 충만하지 않은 것은 왜일까?

어쩌면 삶이 뷔페 식사 같기 때문일지도 모른다. 음식을 집어 담을 때는 좋아 보이지만 다 먹고 나면 모든 것이 맛을 잃고 마는, 그리하여 기분 좋은 포만감보다는 불쾌한 더부룩함만 느끼게 되는.

과한 것보다는 약간 모자란 게 낫다는 말도 있듯이 때로는 잘 준비된 소량의 음식이 더 만족감을 줄 수 있다. 천천히 씹을 수 있고 가장 미세한 맛까지도 느낄 수 있으며, 다 먹은 후에도 향이 은은히 가시지 않는 그런 음식.

그러나 배가 꽉차 있으면 아무 맛도 느낄 수 없다. 스케줄에도 계속 접시를 쌓아 올리면 하루가 끝날 때 더 이상 먹고 싶은 마음이 싹 달아날 것이다.

스케줄에 쉬어 가는 시간을 두면 그날의 음식의 맛을 일일이 음미할 수 있다. 이번에는 비유를 먹는 것에서 읽는 것으로 바꾸어, 색다른 방법으로 내 뜻을 전해 볼까 한다.

다음은 내 책 *Windows of the Soul*(영혼의 창)의 한 장(章)이다. 쉬어 가기에 대한 장으로 총 열한 페이지로 되어 있다. 최소의 지면에 최대한 많은 단어를 넣기 위해 글자 크기도 줄이고, 문단간 공간부터 페이지간 공간까지 모든 공간을 없앴다. 잠깐만 시간 내서 한번 읽어 보라.

창가에서 쉬어 가기 문제는 자기만의 공간, 혼자만의 시간을 찾는 것만이 아니다. 그것도 어렵고 필요한 일이지만, 많은 활동의 한복판 속에서 어떻게 영혼을 고요하게 하느냐가 진짜 문제이다. ―앤 머로우 린드버그(Anne Morrow Lindbergh), 「바다의 선물(*Gift from the Sea*)」. 영혼의 창은 하나님께 소중한 것들의 모습을 한 순간이나마 보여 주고 그 메아리를 희미하게나마 들려준다. 활동에 묻혀 버린 어느 주일 오후에 나는 그런 모습을 하나 보았다. 내 영혼의 책상을 어지럽히는 원고 뭉치를 치워 버려야 했던 날이다. 그러나 원고는 시급했고, 쓰고 있던 책이 시시각각 다가오는 마감 날짜에 밀려 있어 조바심이 나던 터라, 나는 그 주일 오후를 밀린 일 보충하는 시간으로 잡아 두었다. 그런데 오후 일찍 딸이 롤러 하키 경기에 나가는 친구를 보러 간다며 태워다 줄 수 있느냐고 물었다. 친구는 조이라는 남자 아이였다. 딸은 조이가 뇌성 마비가 있는 아이라고 말했다. 금요일에 학교에서 조이가 자기한테 물었다고 한다. 와서 자기 경기하는 것을 봐줄 수 있겠냐고. 딸은 태워다 줄 사람만 있으면 가겠다고 했단다. 상황을 보니 딸을 태워다 줄 수 있는 사람은 나밖에 없었다. 나는 좋다고 했다. 그렇지 않으면 뭔가 소중한 것을 잃을 것 같았다. 그것이 뭔지는 몰랐지만, 딸의 부탁을 거절하고 얻는 것보다는 큰 것임을 나는 알았다. 롤러 링크에 도착하여 딸과 함께 안으로 들어갔다. 조용한 구석 자리를 찾아 조금이라도 일을 할 수 있겠지 생각하면서. 그러나 안에는 온갖 종류의 소음이 나무 바닥과 맨 벽에 부딪혀 웅웅거리고 있었다. 한 쪽 벽에는 즐비한 비디오 게임기가 푼돈 가진 꼬마들을 유혹하고 있었고, 다른 쪽 벽으로는 구내 매점이 늘어서 나머지 모든 사람을 유혹하고 있었다. 선수들의 가족이 여기저기 모여 얘기하고 있었고, 그 중에는 빙 둘러쳐진 링크 난간에 기대고 있는 사람들도 더러 있었다. 방해받지 않고 글을 쓸 수 있을 만한 장소를 찾고 있는데 딸이 조이를 가리켰다. 조이는 정강이 보호대와 안면 마스크와 흉부 보호대를 차고 골키퍼를 맡고 있었다. 포지션 자체가 많이 움직일 필요가 없는 곳이라 장애자임을 쉬 알아볼 수 없었다. 다만 눈에 띈 것은 조이가 다른 선수들보다 30cm는 더 크고 나이도 몇 살은 더 먹어 보인다는 것이었다. 조이 뒤편 난간에 딸과 같은 학교에 다니는 네 명의 남학생이 모여 있었다. 딸은 그들 있는 곳으로 갔고, 나는 빈 탁자에 자리잡고 펜과 공책을 꺼내 그날 오후로 예정해 두었던 보충 작업에 매달렸다. 그러나 그 다섯 명의 고등학생들 모습과 그들이 지르는 응원 소리가 방해를 했다. 일손을 멈추고 잠시 쉬며 혹시 내가 주의 깊게 봐야 할 것은 없는지, 영혼의 창이 될 만한 것은 없는지 생각해 보았다. 나는 빈 종이를 펼쳐 놓고 지켜보았다. 귀기울였다. 그리고 그 순간을 글로 써 내려갔다. "힘내라, 조이." 남학생 중 한 명이 소리친다. 상대팀이 조이를 따돌리고 득점을 올린다. "괜찮아, 조이." 조이가 숏을 막아낸다. 다섯 명의 고등학생이 환호를 보낸다. "힘내라, 조이." 공은 양쪽 골대 사이를 왔다갔다한다. 조이는 자기 경기 방식이 마음에 안 드는 눈치다. "걱정 마, 조이." 네 남학생은 둥그런 탁자에 우르르 몰려 앉는다. 딸은 저만치 따로 서 있다. 조이가 다시 공을 잡아내자 모두 환호를 보낸다. 마침내 딸도 서 있기가 힘든지 탁자에 와 남학생들과 함께 앉는다. "밀어내. 멋진 수비야. 와!" "잘했다, 조이." 이들은 하나씩 하나씩 일어나 조이의 거동에 더 가깝게 난간에 기댄다. 조이는 하키 스틱으로 바닥을 쿵쿵 친다. "조이, 잘하고 있다." 시인 릴케(Rilke)는 1907년 10월 10일자 편지에서 세잔느의 작품을 처음 대하던 날 몇 시간이고 그 그림들을 보고 들으며 이해하려 했던 일을 이야기하고 있다. "전혀 새로운 그의 이름과 작품을 처음 대할 때의 그 어리둥절하고 불안하던 마음이 기억난다. 그리고는 오랫동안 아무것도 없었다. 그러다 갑자가 눈이 뜨였다." 나도 그림 앞에 앉아서 보고 듣고 이해하려 했다. 오랫동안 아무것도 없었다. 그러다 성전의 과부 모습이 아련히 떠올랐다. 예수님이 지목하시기 전까지 그 여자는 아무도 보아 주지 않던 사람이다. 나는 그 가난한 과부의 그림을 생각했다. 그리고 예수님이 가난한 이들을 돕는 것에 대해 말씀하신 성경 구절도 생각했다. 그리고 조이를 생각했다. 그때 갑자기 눈이 뜨였다. 사람이 가난해질 수 있는 길은 여러 가지가 있으며 물질적 가난이야말로 그 중 가장 작은 것일 수 있다는 사실이 퍼뜩 깨달아졌다. 조이의 경우가 그랬다. 그의 가난은 물질적인 것이 아니었다. 관계적인 것이었다. 그에게 필요한 것은 돈이나 돈으로 살 수 있는 것이 아니었다. 돈으로 살 수 없는 것, 친구가 필요했다. 우리 모두와 마찬가지로 그에게도 복도에서 말을 걸어 주고, 점심때 같이 앉아 주고, 놀러 가서 함께 밤을 지샐 수 있는 친구가 필요했다. 우리 모두와 마찬가지로 그에게도 시내를 가로질러 롤러 링크까지 찾아와 난간에 기대서서 응원해 줄 친구가 필요했다. 그런 친구들이 넘쳐 나는 사람들도 있다. 그러나 조이는 아니다. 조이는 학교 복도에서 영혼의 일용할 양식을 찾아 손을 더듬는 가난한 아이이다. 때로 서투르고 사교상 어색한 제의로 먼저 반 친구들에게 다가가 말을 걸기도 한다. 그들에게는 그렇게 넘치는 것의 한 조각 부스러기라도 얻으려 손을 내민다. 그는 친구들에게 자신의 병과 그 병 때문에 빼앗긴 것들만 보지 말고 그 이상의 것을 보아 달라고 간청한다. 알아듣기 힘든 발음과 질질 끄는 걸음 이상의 것을 보아 달라고 간청한다. 조이를 보아 달라고 애원한다. 물론 조이가 이렇게 혹은 이에 가깝게 말로 표현할 수는 없다. 그의 말못할 감정은 좌절과 우울, 분노의 폭발로밖에 표현될 수 없다. 그것은 마치 화가가 자기 그림에서 발길을 돌리는 사람들을 부르며, 다시 돌아와 그림이 아니라 캔버스에 불타오르는 자기 영혼의 열정을 보아 달라고 간청하는 것과 같다. 때로는 해독조차 안되는 복잡한 감정의 언어로 조이는 우리에게 간청하고 있다. 자기 삶의 겉모습인 어긋나고 흐트러진 피카소를 보지 말고 하나님의 형상과 다를 바 없는 내면의 아름답고 멋진 미켈란젤로를 보아 달라고 애원하고 있다. 프레더릭 부크너는 말했다. "이웃을 사랑하려면 무엇보다 먼저 그들을 '보아야' 한다. 마치 예술가처럼 눈으로는 물론 상상으로, 얼굴만 보는 것이 아니라 그 얼굴 이면의 삶을 보아야 한다." 그날 나는 하키 마스크로 가려진 얼굴 이면에서, 뇌성 마비의 얼굴 이면에서 뭔가를 보았다. 조이를 보았다. 그 주일 오후 롤러 링크에서 조이말고 또 볼 것이 없는지 궁금한 생각이 들었다. 조이말고도 나는 아직도 난간에 있는 다섯 명의 학생들을 보았다. 그들은 비디오 게임기에 가 있을 수도 있었다. 구내 매점에 가 있을 수도 있었다. 탁자에 앉아 자기들끼리 떠들고 놀며

자기들 생각만 할 수도 있었다. 설령 그렇게 한다 해도 누가 그들을 탓하겠는가? 우리도 똑같은 자리에서 똑같은 일을 하고 있을 것 아닌가? 그러나 그들은 거기 있지 않고 난간에 가 있었다. 자기들 생각만 하지 않고 조이를 챙겨 주고 있었다. 지켜보고, 격려하고, 응원해 주었다. 그렇게 하는 사이에 뭔가 이쪽에서 저쪽으로 전해진 것이 있었다. 무엇일까? 흘긋 곁눈질로 보았다. 모종의 선물이었다. 조이에게 절실히 필요했던 선물. 주는 이들의 손도, 받는 이의 손도 선물의 이동을 알아차리지 못하고 있었다. 그러나 은밀한 곳에서 보시는 아버지, 그분은 보셨고 주목하셨고 마음에 두셨다. 나도 그랬다. 그 그림에서 볼 것은 이것이 전부였을까? 아니면 더 있었을까? 다시 보았다. 오랫동안 아무것도 없었다. 그러다 갑자기 다시 눈이 뜨였다. 조이와 조이에게 전해진 선물말고도 나는 주일 오후를 희생하고 그 선물 주는 일에 동참한 한 여자 아이를 보았다. 그 아이는 여기에 오자고 했다. 다른 데 가자고 할 수도 있었다. 백화점, 극장, 얼마든지 있다. 그러나 여기에 오자고 했다. 태워다 줄 사람만 있으면 와서 경기하는 것을 보겠다고 뇌성 마비 친구에게 약속했다. 그리고 태워다 줄 사람을 찾아냈다. 그리고 약속을 지켰다. 사실 조이를 대하면서 사람들이 약속을 어기기보다는 단순히 까먹는 경우가 얼마나 많았을까. 그 그림은 내 딸의 영혼의 창이었다. 거기서 나는 딸의 비밀을 보았다. 딸을 이해하고 가르치며, 그 속에서 하나님에게 소중한 모든 것을 이끌어 내 주려면 아버지로서 반드시 알고 있어야 할 비밀. 그 주일 오후, 그 롤러 링크에서 나는 뭔가 성스러운 것, 하나님에게 소중한 것을 보았다. 그리고 갑자기 한 순간 정신이 번쩍 들며 깨달은 것이 있다. 그것을 본 사람은 지구상에서 유일하게 나 혼자라는 사실. 그러자 내가 특별한 사람이 된 듯한 기분이 들었다. 하필 그 시간, 그 장소에 살아 있어서 남들은 보지 못한 것을 바로 그 순간 거기서 보았다는 벅찬 감격. 하지만 나 혼자라는 사실에 한편으로는 슬픈 마음도 들었다.

그 순간은 내게 뭔가를 해주었다. 말로 표현하는 것은 고사하고 딱히 뭐라 가리켜 보일 수도 없는 것을. 삶의 그런 순간에는 적합한 말이 없을지도 모른다. 말로 표현하기에는 너무 성스러운 순간들도 있을 것이다. 그날의 경험은 내게 깊은 감동을 주었다. 감동과 함께 이런 의문이 들었다. 너무 바빠서 보지 못하고 놓쳐 버린 창이 얼마나 많을까? 눈앞에 있는 것조차 보지 못할 만큼 스케줄에 쫓겨 그냥 지나쳐 버린 지혜가 얼마나 많을까? 문제는 롤러 링크 같은 세상에서 조용한 구석 자리를 찾는 것만이 아니다. 소음의 한복판에서 영혼을 고요하게 하는 것이 진짜 문제이다. 그러나 별난 직업으로, 때로는 무직으로 한때 여섯 명의 가족을 먹여 살린 작가의 영혼을 고요하게 한다는 것은 작은 일이 아니다. 당시 나는 대부분의 시간을 더 좋은 날을 기다리며 보냈다. 원고가 완성될 날을 기다렸다. 발송할 날을 기다렸다. 출판사에서 회답 올 날을 기다렸다. 대부분 공문 편지였고, 언제나 거절 편지였다. 내가 쓴 글이 출판될 날을 기다렸다. 드디어 그날이 왔어도 나는 계속 기다렸다. 기다리는 일에 이골이 났기 때문이기도 하고, 나도 뭔가 잘하는 것이 있음을—기다림 같은 작은 일 하나라도—느껴야 했던 인생 시기였기 때문이기도 하다. 그래서 나는 인쇄소에서 책이 찍혀 나오기를 기다렸다. 책이 나오자 이번에는 그 초판이 서점에 깔리기를 기다렸다. 그 다음에는 최초의 인세가 오기를 기다렸다. 나에게도 직업이 있다는, 아니 적어도 다음주 점심 값은 있다는 것을 확인하고 싶었다. 책 한 권 나오면 다음 책이 나올 때까지 그것으로 살았고, 수표 한 장 받으면 다음 수표를 받을 때까지 그것으로 살았다. 그토록 희미한 별빛 아래서 내 미래, 아니 여섯 식구의 미래에 갈 길을 찾아야 했다. 언젠가는 쓰리라. 언젠가는 출판되리라. 언젠가는 전임 작가가 되어 내가 좋아하는 일로 생계를 꾸려 가리라. 그러나 그 언젠가를 위해 사는 동안 나는 오늘을 놓치고 있었다. 가고 싶은 곳으로 가는 데만 너무 바빠 현재 있는 곳과 지금 하나님이 후

하신 손으로 베풀어 주시는 것을 잊고 산 것이다. 내 하루하루의 삶의 창을 들여다보게 되고 나서부터 모든 것이 바뀌었다. 내 영혼의 소음을 고요하게 하면서부터 비로소 내게 주어지는 선물은 물론 그 선물을 주시는 분도 함께 깨닫게 되었다. 그제서야 나는 그렇게 주어지는 것을 받기 시작했다. 언젠가가 아니라 오늘. 그러나 오늘에는 그날 몫의 책임의 소용돌이가 있다. 일단 그 회전에 걸려들면 영혼의 창은 아른아른 그냥 스쳐 지나가고 만다. 앤 머로우 린드버그는 그런 일이 생기지 않게 하려면 "책임과 의무와 활동의 회전 바퀴 중심에 고정된 축이 되려고" 노력해야 한다고 말한다. 고정된 축. 바퀴가 아무리 빨리 돌아도 그 축은 중심을 지킬 수 있다. 사실, 그 축이 바퀴를 돌려주는 것이다. 축이 고정되어 있지 않으면 바퀴가 요동하거나 아예 움직이지 않아 모든 것이 비틀비틀 정지하고 만다. 고정된 축에서 안정이 나온다. 우리 삶의 바퀴가 빠지지 않게 하는 것도 바로 영혼의 고요함이다. 우리가 아무리 숨가쁘고 분주한 시대를 살고 있다 해도 이것은 비단 우리 시대만의 문제는 아니다. 2000년을 거슬러 올라가 다른 문화의 창을 들여다보면 두 자매의 집에도 똑같은 문제가 있음을 보게 된다. 한 사람은 고정된 축이고, 또 한 사람은 돌아가는 바퀴에 끼여 있다. "저희가 길 갈 때에 예수께서 한 촌에 들어가시매 마르다라 이름하는 한 여자가 자기 집으로 영접하더라 그에게 마리아라 하는 동생이 있어 주의 발 아래 앉아 그의 말씀을 듣더니 마르다는 준비하는 일이 많아 마음이 분주한지라 예수께 나아가 가로되 주여 내 동생이 나 혼자 일하게 두는 것을 생각지 아니하시나이까 저를 명하사 나를 도와 주라 하소서 주께서 대답하여 가라사대 마르다야 마르다야 네가 많은 일로 염려하고 근심하나 그러나 몇 가지만 하든지 혹 한 가지만이라도 족하니라 마리아는 이 좋은 편을 택하였으니 빼앗기지 아니하리라 하시니라"(눅 10:38-42). 이 창에서 우리는 무엇을 보는가? 제자들은 처음에는 예수님과 함께 있었으나 나중에는 같이 있는 것 같아

보이지 않는다. 왜일까? 집이 너무 작아서? 장시간 걸은 뒤라 다들 각자 휴식이 필요해서? 예수님은 피곤하실까? 그래서 이 집에 오신 것일까? 배고프실까? 그렇다면, 무엇에 대한 주림일까? 음식? 아니면 무리와 제자들이 줄 수 없는 뭔가 다른 것에 주리신 것일까? 예수님은 지금 예루살렘으로 죽음을 향해 가시는 길이다. 그 곳을 몇 킬로미터 앞두고 여기, 두 여자의 집에서 걸음을 멈추신다. 혹 예루살렘 가는 오르막길의 그 무거운 짐을 조금이나마 함께 들고 이해하고 느껴 줄 사람이 간절히 그리워 오신 것은 아닐까? 그렇다. 그분은 배고프시다. 그러나 음식에 주리신 것이 아니다. 두 가지 주림 중 마르다가 문간에서 그분을 영접할 때 본 것은 어떤 것인가? 영혼의 창을 통해 그분 내면에서 일어나는 일, 그분의 생각과 감정과 필요를 본 것일까? 아니면 그분의 핼쑥한 얼굴과 기우는 해만 보고 저녁 먹을 때가 다 됐다는 생각만 한 것일까? 마르다는 부엌으로 가 저녁을 준비한다. 주님 발 아래 앉아 있는 마리아를 그냥 두고. 예수님이 마리아뿐 아니라 두 사람 모두에게 간절히 주고 싶으신 말씀은 무엇일까? 마리아뿐 아니라 두 사람 모두에게서 간절히 듣고 싶으신 말은 무엇일까? 그러나 창가에 멈춰 서는 사람은 하나뿐. 그분 영혼의 굶주림을 보는 사람도 하나뿐. 그것은 마르다가 아니다. 마르다는 부엌에 있다. 마리아 몫까지 채우느라 더 바쁘게 손을 놀리고 있다. 그러나 손놀림이 바빠질수록 은근히 부아가 치민다. 참다못해 마르다는 얼굴의 땀을 닦고 손에 질문의 프라이팬을 흔들며 부엌을 뛰쳐나간다. 그런데 그 프라이팬을 마리아가 아닌 예수님에게 흔드는 것은 왜인가? 마리아를 이름으로 부르지 않고 '내 동생'이라 하는 이유는 또 무엇인가? 이 두 질문의 답 속에는 마르다의 좌절뿐 아니라 분노가 드러나 있다. 마르다의 질문에서 단지 짜증이 아닌 고발을 들을 수 있는가? "주여, 생각지 아니하시나이까?" 그리고는 대답도 기다리지 않고 바로 주문을 한다. 이것은 마르다가 던진 질문의 본질과 목소리의 어조에 대해 무엇을 말해 주는가? 그러나 마르다의 분노에 주님은 부드럽게 대답하신다. 예수님의 대답에는 깊은 애정이 담겨 있다. 들리는가? 나는 과거에는 마리아 쪽에 다소나마 동질감을 느꼈었다. 그러나 세월이 지나면서 내 삶을 더 깊이 들여다볼 기회를 갖게 될수록 마르다의 모습이 더 많이 보인다. 사실 우리 모두 안에는 두 자매의 모습이 조금씩은 다 있지 않을까. 많은 사람들이 그토록 자주 내면의 줄다리기의 중간 지점에 발이 묶이는 이유가 바로 거기에 있다. 한 쪽에서는 의무가 잡아당기고 한 쪽에서는 헌신이 잡아당긴다. 마르다에게 주신 말씀은 내 안의 마르다에게 주시는 말씀이기도 하다. 그 말씀으로 바로잡아 주시고자 한 것은 무엇인가? 마르다의 일이 아니라 염려였다. 일의 중압이 아니라 화난 마음이었다. 문제는 마르다의 준비가 아니라 산만해진 마음이었다. 많은 일 자체가 아니라 그 많은 일이 한 가지 꼭 필요한 일을 중심으로 돌아가고 있지 않다는 점이었다. 마르다에게는 일의 원천이 되는 고요한 중심이 없었다. 마음의 골방이 없었다. 회전하는 활동의 고정 축이 없었다. 마르다의 태도에서 바퀴가 떨어져 나간 것은 바로 그 때문이다. 내 태도에서 종종 바퀴가 떨어져 나가는 것도 바로 그 때문이다. 태도가 요동하기 시작할 때 나는 그것이 산만해진 영혼 탓임을 안다. 그러면서도 축이 끽끽 소리를 내며 뜨겁게 달아오를 때까지 그 산만함의 정도를 깨닫지 못한다. 마르다처럼 나도 속상하고 짜증나고, 때로 우당탕 뛰쳐나가 누군가에게 쏟아 붓고 싶을 만큼 화가 난다. 준비하는 식사가 그 음식을 먹는 사람들보다 더 중요해질 때, 나는 바퀴가 떨어져 나가려 한다는 것을 안다. 내 일이 그 일의 수혜자인 가족들보다 더 중요해질 때. 내가 주장하는 말이 그 말을 듣는 사람보다 더 중요해질 때. 이런 것들이 내가 고정 축을 잃었다는 증거가 된다. 더 중요한 것을 보지 못할 때. 다른 사람, 특히 나와 가장 가까운 사람들인 내 가족의 성스러움을 느끼지 못할 때. 중요한 것을 보는 눈과 타인의 성스러움을 느끼는 감각을 잃지 않는 그런 삶을 살고 싶다. 영혼의 창을 볼 수 있는 그런 삶을 살고 싶다. 온갖 준비로 마음이 산만한 종교 활동의 부엌에서 살고 싶지 않다. 너무 많은 일로 염려하고 근심하며, 뜨겁게 열오른 오븐에 달라붙어 살고 싶지 않다. 나는 주님의 발 아래 앉아 그분의 눈빛을 보고 그분의 말씀을 듣고 그분이 보여 주시는 많은 창을 들여다보며 살고 싶다. 바로 그 발 아래에서 우리는 창가에 쉬어 가기를 배운다. 그것은 그분을 사랑하고 그분의 음성 듣기를 갈망하는 데서 시작된다. 그릇 부딪는 소리 요란한 부엌에서 뼈빠지게 일만 하고 있어서는 그 음성을 듣기 어렵다. 그러나 그분 발 아래 앉아 마음을 고요하게 하면 그분의 속삭임까지도 들을 수 있다. **고독을 구하는 기도:** 오 하나님, 삶 속에 돌아가는 많은 활동의 바퀴의 고정 축이 되게 도와 주소서. 수많은 산만한 것들로부터 구하사 주님 발 아래 고요한 헌신의 자리로 인도해 주소서. 거기서 제게 더 많은 창에서 쉬어 가는 법을 가르쳐 주소서. 모든 것을 다 볼 수는 없겠지만 그래도 조금은 보게 해주소서. 감상은커녕 주목도 받지 못한 채, 외경은커녕 묵상도 거치지 못한 채, 감사는커녕 생각도 제대로 못한 채 그냥 스쳐 가는 것들이 너무 많습니다. 주님, 걸음을 늦추게 해주소서. 그리하여 롤러 링크에서 영혼의 창을 보게 하시고, 그 영혼의 시스틴 성당을 휘감고 있는 주님의 놀라운 형상을 보게 하소서….[3]

어디쯤에서 읽기를 중단했는가?

3분의 1? 절반?

읽은 내용의 묵상을 중단한 지점은 어디인가? 아예 시작도 안 한 것은 아닌가?

읽기를 중단하고 쉬어 가기 혹은 묵상을 하지 않았다면, 기록된 내용에 마음이 반응할 기회, 어떤 식으로든 영향을 입어 마음이 녹거나 깨질 기회를 어떻게 가질 수 있겠는가?

쉬어 가기는 말에 울림을 준다. 우리 마음에 살아갈 자리를 주는 것이다. 매일의 스케줄에 쉬어 가기를 두는 것이 그래서 중요하다. 쉬어 가기는 우리가 읽는 말에 울림을 준다. 마음에 와 닿는 성경 구절의 말이든 고속도로에서 우리 곁을 스쳐 가는 광고판의 말이든 롤러 링크의 소년의 말이든(미처 못 읽었다면, 앞에 인용한 글의 절반 못 미처 등장하는 소년).

분주한 스케줄은 그런 쉬어 가기를 밀어낸다. 하루라는 시간 안에 최대한 많은 양을 쑤셔 넣도록 삶이 압박을 가해 올 때, 우리는 활자 크기를 줄이고 문단을 합하고 공간을 없애고 여백을 제하기 시작하는 것이다.

그리고 얼마 후, 읽기를 깨끗이 중단하고 만다.

6 묵상하는 삶의 성장

사람의 마음은 정원에 비할 수 있다. 제대로 경작할 수도 있고 멋대로 버려 둘 수도 있다. 그러나 경작하든 버려 두든 반드시 뭔가가 자라게 되어 있고 실제 그렇게 된다.[1]

제임스 앨런(James Allen),
「생각하는 사람(*As a Man Thinketh*)」

성경 말씀 묵상하기

> 권하고 싶은 것은, 하나의 사건이나 비유, 몇몇 구절이나 심지어 단어 하나를 택해 자신의 마음속에 뿌리내리게 해보라는 것이다. 매사에 모든 감각을 동원하라던 로욜라의 이그나티우스(Ignatius of Loyola)의 말을 기억하며, 직접 자신의 것으로 경험하려 해보라. 바다 냄새를 맡으라. 해변의 물결 소리를 들으라. 군중을 보라. 이마 위의 태양과 뱃속의 허기를 느끼라. 대기의 소금기를 맛보라. 그분의 옷자락을 만지라. 이 점에 대해 알렉산더 와이트(Alexander Whyte)는 이렇게 말한다. "…진정한 그리스도인의 상상은 결코 예수 그리스도를 시야에서 놓치지 않는다…. 신약 성경을 펴보라…. 그 순간 상상을 통해 당신은 그 현장 속으로 들어가 예수 그리스도의 제자 중 한 사람이 되어 그 발 아래 있게 된다."[1]
>
> 리처드 포스터(Richard Foster),
> 「영적 훈련과 성장(*Celebration of Discipline*)」

이 장에서는 앞장에 이야기한 마음의 세 가지 습관에 대해 더 구체적 적용으로 들어가 보려 한다. 세 가지 습관은 삶의 모든 영역에 적용할 수 있는 것이지만, 여기서는 세 부분만 생각해 본다. 성경 말씀, 다른 사람들, 그리고 예술인데, 특히 예술은 영화와 연극으로 나누어 생각할 것이다. 첫 번째 살펴볼 것은 성경 말씀이다.

그리스도의 삶을 짤막하게 그린 묵상집을 여러 권 쓰면서 나는 알렉산더 와이트의 말대로 해보려 했다. 독자들을 잠시나마 주님 발 아래 있게 하려 한 것이다.

그러나 독자들을 거기 있게 하기 전, 내가 먼저 거기 있어야 했다. 내가 사용한 방식은 이런 것이었다. 나는 본문을 시각화하려 했다. 본문의 단서들을 가지고 분위기를 재창조해 마치 영화의 한 장면처럼 보려 한 것이다.

리처드 포스터가 말한 대로 "바다 냄새를 맡고, 해변의 물결 소리를 듣고, 군중을 보고, 이마 위의 태양과 뱃속의 허기를 느끼고, 대기의 소금기를 맛보고, 그분의 옷자락을 만지려" 하곤 했다.

당신을 그 과정으로 인도하고자 내가 대체로 따르는 묵상의 단계를 소개한다. *Moments with the Savior*(주님과 만나는 순간) 시리즈에 소개된 내용이다. 크게 읽기, 묵상, 반응의 단계로 나눌 수도 있지만 여기서는 연습의 취지를 살려 세부적으로 단계를 나누었다.

읽기

본문을 선정한다

맨 처음 단계는 본문을 정하는 것이다. 여기서 생각해 보려고 택한 본문은 누가복음 10장 38-42절이다.

저희가 길 갈 때에 예수께서 한 촌에 들어가시매 마르다라 이름하는 한 여자가 자기 집으로 영접하더라 그에게 마리아라 하는 동생이 있어 주의 발 아래 앉아 그의 말씀을 듣더니 마르다는 준비하는 일이 많아 마음이 분주한지라

예수께 나아가 가로되 주여 내 동생이 나 혼자 일하게 두는 것을 생각지 아니하시나이까 저를 명하사 나를 도와 주라 하소서

주께서 대답하여 가라사대 마르다야 마르다야 네가 많은 일로 염려하고 근심하나 그러나 몇 가지만 하든지 혹 한 가지만이라도 족하니라 마리아는 이 좋은 편을 택하였으니 빼앗기지 아니하리라 하시니라.

문맥을 살핀다

본문이 정해지면 이어 문맥을 살펴본다. 대개는 그 본문의 앞뒤 구절 속에서 문맥을 찾을 수 있다. 지금의 경우, 본문의 뒷부분은 본문에 별다른 단서를 주지 못한다. 앞부분도 마찬가지다. 그러나 앞장인 9장에서 도움을 얻을 수 있다. 거기서 누가는 이렇게 말한다. "예수께서 승천하실 기약이 차가매 예루살렘을 향

하여 올라가기로 굳게 결심하시고"(눅 9:51). 이 구절에서 두 가지를 알 수 있다. 예수님은 죽으실 기약이 임박하고 있음을 아셨다는 것. 그리고 그 기약을 맞이하기로 결심하셨다는 것. 이것은 물론 예수님이 이스라엘이 당신을 메시아로 영접하리라는 희망을 포기하셨다는 뜻이다. 좀더 읽어 보면 예수님이 이제 막, 당신을 영접지 않는 무더운 사마리아 광야를 지나오셨음을 알 수 있다(눅 9:52-56). 마리아와 마르다의 집에 이르시기 전 예수님의 마음속에 일고 있었을 심정을 이런 구절들을 통해 엿볼 수 있다.

관주를 찾아본다

관주를 찾아보는 것은 장면에 살을 입히는 좋은 길이다. 몇 가지 방법이 있다. 성구 사전에서 중심 단어를 찾아보는 것이 제일 좋은 방법이다. 또 한 가지는 성경책 난 외에 실린 소수의 엄선된 관주 구절을 찾아보는 것이다. 예컨대 누가복음 10장 38절 새 미국 표준 성경(New American Standard Bibie) 난 외를 보면 그런 관주 구절이 몇 개 나와 있다. 그 중 하나인 요한복음 11장 1절을 찾아보면 예수님이 들어가신 '한 촌'의 정체를 알 수 있다. "어떤 병 든 자가 있으니 이는 마리아와 그 형제 마르다의 촌 베다니에 사는 나사로라."

예수님이 나사로를 살리신 기사인 요한복음 11장을 계속 읽어 보면 누가복음 본문을 이해하는 데 아주 중요한 점을 발견하게 된다. 5절은 이렇게 말한다. "예수께서 본래 마르다와 그 동생과 나사로를 사랑하시더니." 그 점으로 미루어, 마리아와 마르다의 집은 예수님이 막 지나오신 지리적 광야와 곧 맞이하실 영적 광야 사이의 오아시스였음을 알 수 있다. 이 집에 오시는 것을 주님은 얼마나 고대하셨을까.

성구 사전에서 마리아라는 이름을 찾아 관주 구절을 잘 살펴보면, 다른 마리아말고 이 마리아의 이름이 성경에 세 번밖에 나오지 않는다는 사실을 알게 된다(눅 10:39, 요 11:32; 12:3). 그런데 세 번 모두 마리아는 주님의 발 아래 있다. 마리아에 대해, 그리고 주님과의 관계에 대해 뭔가 시사하는 바가 있는 부분이다. 그 몸의 자세는 영혼의 자세를 대변해 준다. 다른 사람의 발 아래 꿇는다는 것은 상대의 우월성과 자신의 종 됨을 동시에 인정하는 겸손의 행위이기 때문이다.

세부 사항을 알아본다

베다니 촌에 대해 자세히 알고 싶으면 몇 가지 길이 있다. 성경 지도와 성경 사전이 그 중 둘이다. 지도를 통해 우리는 베다니가 예루살렘 외곽으로 불과 3–4km 떨어진 작은 마을임을 알 수 있다. 예루살렘처럼 크고 번잡한 도시가 아니었다. 조용한 교외 지역 같은 곳이었다.

묵상

질문을 던진다

장면의 윤곽이 분명히 잡혔으니 이제 몇 가지 질문을 던져 색깔을 칠할 차례이다. 여기가 읽기에서 묵상으로 넘어가는 지점이다. 나는 되도록 그 장면 속에 들어가려 한다. 한 순간 그리스도의 눈으로, 다시 마르다의 눈으로, 다시 마리아의 눈으로 바라보는 것이다.

시계가 똑딱똑딱 죽음의 순간으로 치닫고 있음을 아시던 예수님의 심정이 어땠을까 상상해 본다. 마지막으로 누구한테 무슨 말씀을 하고 싶으셨을까? 그리고 그 말씀이 어떻게 받아들여지기 원하셨을까? 이런 질문을 묵상하는 사이 장면의 표면에서 더 깊숙한 곳으로 들어가게 된다.

예수님이 마르다의 집에 이르러 문 앞에 서셨을 때 마르다가 본 것은 무엇일까? 그분의 슬픈 눈을 마르다는 보았을까? 그분의 답답한 마음을 마르다는 느꼈을까? 아니다. 마르다가 본 것은 음식 대접이 필요한 뜻밖의 손님에 지나지 않았다. 그것을 어떻게 알 수 있는가? 마르다는 장면 첫머리에 예수님을 집으로 반길 때 나타났다가 나중에 부엌에서 나올 때까지 다시 보이지 않는다. 마르다도 마리아처럼 예수님과 함께 앉아 있을 시간을 냈다면 그분의 배고픔이 음식에 대한 것이 아니라 교제에 대한 것이었음을 알아차렸을 것이다. 사마리아에서 당하신 거절과 예루살렘에서 기다리고 있는 십자가는 분명 그분의 마음을 무겁게 했다. 그것을 속에 품고 계시느라 지쳐서 그분은 짐을 내려놓을 곳을 찾고 계셨다. 누군가 관심을 가져 주고 이해해 주고 들어 줄 사람에게 하고 싶은 말씀이 있으셨다. 제자들에게 말해 보려 하셨지만 죽음 얘기를 할 때마다 제자들은 전전긍긍할 따름이었다.

드디어 그분은 관심을 가져 주고 이해해 주고 들어 줄 그 누군가를 만나셨다. 마리아였다. 마리아는 주님 발 아래 앉아 그분의 말씀을 들었다. 그분의 짐을 자기 마음에 받아들여 가볍게 해드렸고, 거절과 슬픔과 비탄을 자기 어깨에 나누어 졌다.

한편 마르다는 부엌에서 바빴다. 음식만 장만한 것이 아니라 태도까지 키우고 있었다. 어떻게 알 수 있는가? 본문을 보라.

예수께 나아가 가로되 주여 내 동생이 나 혼자 일하게 두는 것을 생각지 아니하시나이까(눅 10: 40).

마르다는 불평을 가지고 마리아에게 간 것이 아니라 예수님에게 갔다. 이는 마르다의 태도에 대해 무엇을 말해 주는가? 마리아에게 도대체 얼마나 화가 났던 것일까? 마리아를 이름 대신 '내 동생'이라 한 점은 마르다의 심히 불편한 심기를 잘 보여 주는 것 아닌가? 이 구절을 다시 한 번 읽어 보라. 이번에는 마르다의 질문 방식에 주의하며 그 음성의 어조를 느껴 보라. 이 질문으로 미루어 볼 때, 마르다는 부엌에서 일하며 무슨 생각을 하고 있었을까? 마르다는 예수님이 생각지 아니하신다며 그분을 탓하고 있다. 마리아에 대한 분노를 예수님에게 쏟아 놓고 있는 것이다. 그 다음 말을 들어 보라.

저를 명하사 나를 도와 주라 하소서(눅 10:40).

마르다는 자기가 한 질문에 대답을 기다렸던가? 아니다. 그렇다면 그 질문의 이유가 어디 있다는 말인가? 해명을 구했던 것인가? 아니다. 그저 자신의 분풀이를 한 것뿐이다.

본문을 주의 깊게 읽고 묵상하면 원래 장면의 소리와 색채가 되살아난다. 감정도 마찬가지다. 그 감정이 마르다가 예수님에게 한 말과 예수님이 마르다에게 하신 말씀을 한껏 대조시켜 준다.

마르다야 마르다야 네가 많은 일로 염려하고 근심하나(눅 10:41).

마르다의 삶의 '많은 일'이 얼마나 쉽게 그 마음을 산만케 할 뿐 아니라 분까지 품게 했는지 보라. 식사 준비처럼 평범한 일마저도 노심초사하고 힘들어하다가 동생과의 관계는 물론 주님과의 관계까지 왜 그렇게 그르치고 말았는지.

삶의 수많은 책임과 대비시켜 예수님은 진정 필요한 것은 몇 가지뿐이라고 말씀하신다. 그것도 끝까지 파고들어 보면 한 가지밖에 남지 않는다. 꼭 필요한 한 가지, 영원히 가치 있는 한 가지, 없어지지 않는 한 가지. 그것은 바로 주님 발 아래 앉아 있는 것이다. 경배의 마음으로 그 눈빛을 바라보고, 순종의 마음으로 그 말씀을 들으며.

단어를 공부한다

성경 구절에는 본문을 밝혀 주는 중심 단어나 문구가 들어 있는 경우가 있다. 대개 문제의 단어는 자명한 경우가 많다. 본문이 거기에 독자의 시선을 끌기 때문이다. 이 본문의 경우, 주님이 친히 중심 문구에 우리의 시선을 끄신다. 바로 '좋은 편'이라는 말이다.

좋은 편이란 정확히 무엇을 말하는가? 문맥에서 상당 수준까지 찾아낼 수 있다. 바로 주님과의 교제이다. 그러나 성구 사전이나 헬라어 사전에서 이 단어를 찾아보면 다른 차원의 의미가 밝혀진다. '편'이란 단어는 흔히 음식의 한 부분을 가리켜 사용된 말로, 여기서는 예수님이 당신이 베푸시는 양분과 마르다가 준비 중인 음식을 대비하여 말 맞받기 식으로 사용하신 것이다. 식사의 가장 좋은 편은 부엌에 있지 않다고 예수님은 마르다에게 말씀하신다. 그것은 마리아가 앉은 자리에서 베풀어지고 있었다.

최대한 현대어로 바꾼다

더욱 실감나는 이해를 위해서 특정 단어나 문구를 약간 상상력을 살려 번역하는 것도 도움이 될 때가 있다. 예를 들어 예수님이 사용하신 '좋은 편'이라는 단어를 현대적 표현으로 어떻게 옮길 수 있겠는지, 거하게 잘 차려진 추수감사절 식사를 생각해 보라. 주요리에 딸려 나오는 음식이 완비되어 있다. 그레이비(gravy)를 듬뿍 얹은 봉곳한 모양의 으깬 감자와 드레싱, 버터를 바른 따끈따끈한 빵, 크랜베리(cranberry) 소스, 모듬 샐러드, 맵게 양념한 계란 요리, 올리브, 달콤한 오이 절임, 집에서 만든 생크림을 얹은 두툼한 호박 파이. 이 모든 것이 모양도 냄새도 맛도 놀랍기 그지없다.

그런데 이 식사에 칠면조 고기가 빠졌다고 생각해 보라.

이 모든 음식의 중앙을 차지할 요리는 온 집안에 진동하는 냄새로 군침을 돌게 하는, 버터 발라 구운 황금빛 칠면조 고기이다. 이것이 바로 추수감사절 식사의 '좋은 편'이다.

주님과의 친밀한 교제가 없는 그리스도인의 삶은 반찬과 양념 접시만 두루 갖춘 뷔페 식사와 같다. 뷔페 식당에 가 줄을 서서 음식을 담다가 막판에 실망한 경험이 한 번쯤 다 있을 것이다. 그런 일을 또 당하고 싶은 사람이 누가 있을까?

반응

말씀을 개인화한다

묵상을 마쳤으니 이제 각자 개인적으로 말씀에 반응할 시점이 되었다.

헨리 나우웬은 그의 명저 「영적 발돋움(*Reaching Out*)」에서 말씀의 개인화의 중요성을 이렇게 말한다. "성경을 읽는다는 것은 보기보다 쉽지 않은 일이다. 공부를 중시하는 세상에 살다 보니 읽는 것마다 분석과 토론에 붙이는 경향이 있기 때문이다. 그러나 하나님의 말씀은 무엇보다도 생각과 묵상으로 이어져야 한다. 말씀을 쪼개는 대신, 우리의 존재 가장 깊은 곳에서 오히려 하나로 묶어야 한다. 말씀에 대한 동의 여부를 따지는 대신, 어떤 말씀이 내게 직접 주시는 말씀이며 나만의 개인적 상황과 직접 연관되는 것인지 살펴야 한다. 말씀을 흥미로운 대화나 논문의 잠재적 주제로 생각하는 대신, 그 말씀이 우리 마음의 가장 은밀한 구석까지 파고 들어오게 해야 한다. 누구의 어떤 말도 여태 들어간 적 없는 깊은 곳까지. 그때서야 비로소 말씀은 옥토에 뿌려진 씨앗이 되어 열매를 맺을 수 있다. 그때서야 우리는 진정 '듣고 깨달을' 수 있다."[2]

어떻게 그럴 수 있을까?

질문을 던짐으로써 가능하다. 이번에는 성경 본문에서 우리 일상의 삶이라는 본문으로 방향을 바꾸어 보자.

어떻게 하면 예수님이 우리에게 차려 주신 식사의 좋은 편을 놓치지 않을 수 있을까?

예수님이 마르다에게 주신 충고는 이 부분에서 고생하는 우리 모두에게 주시는 충고이다. "마르다야, 마르다야, 네가 많은 일로 염려하고 근심하나 그러나 몇 가지만 하든지 혹 한 가지만이라도 족하니라. 마리아는 이 좋은 편을 택하였으니 빼앗기지 아니하리라."

예수님은 마르다뿐 아니라 우리에게도 삶을 단순화시켜야 한다고, 중요한 한 가지 일에 초점을 맞추어 당신을 향한 우리의 열정에 성장의 기회를 주어야 한다고 말씀하신다.

심지어 그분을 섬기고 있으면서도 정작 마음은 다른 곳으로 향할 수 있다고 그분은 우리에게 말씀하신다. 우리도 마르다처럼 우리가 섬기고 있는 분에게서 시선을 떼 온갖 준비하는 일에만 정신이 팔릴 수 있다. 그것이 식사 준비이든 설교 준비이든. 우리도 마르다처럼 자기가 원해서 하는 일인데도 누군가 봉사를 나한테만 미루고 있다며 분을 품을 수 있다. 우리도 마르다처럼 부엌을 박차고 나와 제직회에 뛰어들어가 사람들에 대해 원망을 늘어놓을 수 있다.

앤 머로우 린드버그는 동부의 어느 해변에서 보낸 휴가를 「바다의 선물(*Gift from the Sea*)」이라는 책에 기록해 놓았다. 거기에 묵상하는 삶의 훌륭한 본이 있다. 삶에 대한 재치와 지혜 그리고 풍성한 묵상이 듬뿍 들어 있다. 이 묵상에서 린드버그는 마리아와 마르다의 기사에서 제기된 것과 똑같은 질문을 제기하고 있다. 이 고민이 얼마나 보편적인 것인지 보여 준 셈이다.

린드버그는 이렇게 썼다. "성인(聖人)들 중에 결혼한 여자가 그렇게 드문 이유를 이제야 알 것 같다. 여태 생각해 온 것처럼 순결이나 자녀 문제와는 본래 아무 상관도 없음을 이제 확실히 알았다. 그것은 주로 마음이 나뉘는 문제와 관련된 것이다. 아이를 낳고 기르고 먹이고 가르치는 일, 해도 해도 끝이 없는 가사, 무수한 연줄에 얽힌 인간 관계—보통 여자의 정상 직무는 창조적인 삶, 묵상하는 삶, 성스러운 삶에 역행하는 것이다. 단순히 '여자와 직업,' '여자와 가정,' '여자와 독립' 등의 문제가 아니다. 그보다 본질적인 문제는 마음을 나뉘게 하는 삶의 한복판에서 어떻게 온전함을 지키느냐 하는 것이다…"[3]

마음을 나뉘게 하는 삶의 한복판에서 우리는 어떻게 온전함을 지킬 것인가? 모든 사람이 씨름하는 물음이다. 그러나 그리스도인의 경우, 질문은 더 깊어진다. 마음을 나뉘게 하는 삶의 한복판에서 어떻게 주님에 대한 온전한 헌신을 지킬 것인가?

마리아처럼 하면 된다.

주님 발 아래 앉는 편을 택하면 된다. 거기가 바로 우리가 가담하고 있는 '많은 일'이 '한 가지' 필요한 일에 굴복되는 곳이다.

토머스 켈리는 *A Testament of Devotion*(헌신의 약속)이라는 책에서 그 방법을 우리에게 가르쳐 준다. "우리가 하는 많은 일들이 우리 눈에는 매우 중요해 보인다. 우리는 줄곧 그런 일들을 거부할 수 없었다. 너무 중요해 보였기 때문이다. 그러나 '핵심을 파고 들어가' 생명보다 깊으신 거룩한 침묵의 하나님 안에 거하면, 인생의 계획을 심령의 고요한 골방에 들여놓으면, 완전히 열린 마음으로 그분의 인도대로 행하거나 포기할 각오로 그렇게 하면, 그때는 우리가 하고 있는 많은 일들이 그 생명을 잃게 된다."[4]

우리는 삶의 '많은 일'을 주님 발 아래 내려놓고 그분의 살피심을 받아야 한다. 우리의 계획, 우리의 목표, 우리의 꿈, 우리의 일, 우리의 기회, 우리의 스케줄을 그분께 드리며 이렇게 여쭈어야 하는 것이다. "주님, 어느 것입니까? 제가 어느 것을 하기 원하십니까? 어떤 활동을 해야 주님을 가장 잘 섬길 수 있습니까? 어떤 일이 주님께서 제게 맡겨 주신 은사에 가장 좋은 청지기 직분이 되겠습니까? 어떤 것을 수락해야 합니까, 주님? 그리고 어떤 것을 거부해야 합니까?"

그리고는 그분의 응답을 기다린다. 대개는 곧바로 오지 않고 그분의 때에 그분의 방식으로 올 때가 많다. 우리가 그분의 발에서 멀리 있을수록 응답도 그만큼 잘 들리지 않을 것이다. 분주한 부엌에서는 거의 불가능한 일이다.

바쁠 것이냐 가만히 앉아 있을 것이냐, 부엌에서 일할 것이냐 주님 발 아래서 기다릴 것이냐, 이 선택은 본질상 우리 삶의 세부적인 부분을 그분의 주권에 내어 드릴 것이냐 아니냐의 결단이다. 내어 드리기로 결단하면 우리의 삶은 단순해진다. 서로 다투는 수많은 주인이 아니라 단 한 분의 주인 앞에서만 책임을 지게 되기 때문이다.

말씀을 두고 기도한다

말씀에 개인적으로 반응하는 과정을 거쳤으면, 이제 기도로 반응할 차례이다. 매일의 삶 속에서 하나님 사랑과 이웃 사랑이라는 지상(至上) 계명의 실천에 힘쓴다는 궁극 목표에 맞게, 위쪽과 바깥쪽을 동시에 향한다. 위쪽으로 나가는 것은 기도이고 바깥쪽으로 나가는 것은 행동이다.

다음의 기도는 우리가 다루어 온 본문에 대한 나의 묵상에서 나온 것이다.

사랑하는 주님, 주님 발 아래 꿇어앉아 기도합니다.

제 마음 문을 두드리실 때 주님께서 찾으시는 것은 무엇입니까? 주님께서 원하시는 것은 무엇입니까? 제게 오셔서 저로 더불어 먹고 저는 주님으로 더불어 먹는 것이 아닙니까? 교제를 원하시는 것이 아닙니까?

그러나 너무도 자주 주님께서 저를 찾으시는 곳은 어디입니까? 주님 발 아래입니까? 아닙니다. 부엌입니다. 다른 일로 마음이 나뉘어 주님을 그냥 거기… 앉아 계시게… 기다리시게… 애태우시게 한 일이 얼마나 많습니까?

준비로 바쁜 제 부엌에서 저를 주님으로부터 멀어지게 할 만큼 중요한 것이 무엇입니까? 지금은 그렇게 하찮아 보이는 것들이 그 안에 갇혀 있을 때는 어떻게 그토록 시급해 보일 수 있었습니까?

준비한답시고 마음이 다른 데 있어서 주님의 임재는 거의 안중에 없었던 것을 용서해 주십시오. 봉사에 열을 올리다 헌신을 경홀히 한 것을, 내 일은 발빠르게 하면서 주님의 일에는 미적거렸던 것을 용서해 주십시오.

주님께서 제게 원하시는 것은 잘 차려진 식사가 아니라 친밀한 순간임을 깨닫게 해주옵소서.

오늘도 제 주의를 빼앗으려고 다투는 많은 산만한 것들로부터 제 마음을 지켜 주옵소서. 주님만 바라보게 도와 주옵소서. 제자들처럼 하늘에서의 제 지위를 바라보지 않게 하옵소서. 서기관들처럼 정교한 신학 논리를 바라보지 않게 하옵소서. 바리새인들처럼 다른 사람들의 죄를 바라보지 않게 하옵소서. 우물가의 여인처럼 예배의 장소를 바라보지 않게 하옵소서. 유다처럼 예산을 바라보지 않게 하옵소서. 오직 주님만 바라보게 하옵소서.

주님, 저를 부엌에서 나오게 하옵소서. 주님 발 아래로 오라 명하소서. 거기 벅찬 가슴으로 앉아 주님을 경배하게 하옵소서…[5]

마음에 말씀이 살아갈 자리를 내준다

디트리히 본회퍼(Dietrich Bonhoeffer)는 *Life Together*(함께 사는 삶)라는 책에서 말씀 묵상의 과정에 대해 중요한 교훈을 주고 있다. "묵상 중에 꼭 새로운 것을 깨달아야 하는 것은 아니다. 그래 봐야 마음만 분산되고 허영심만 생기는 경우가 많다. 읽고 묵상한 말씀이 우리 마음을 뚫고 들어와 거기 거하는 것으로 족하다. 마리아가 목자들이 전한 말을 '마음에 지키어 생각한' 것같이, 어쩌다 엿들은 말이 두고두고 마음에 남아 따라다니며 속수무책으로 우리를 지배하고 방해하고 혹은 기분 좋게 하는 것같이, 하나님의 말씀도 묵상 중에 그렇게 우리 마음에 들어가 거기 머물고 싶어한다. 말씀은 우리를 뒤흔들어 우리 안에서 역사하고 움직이기 원한다. 하루 종일 말씀에서 벗어나지 못하게 하려 한다. 그럴 때 종종 우리도 의식 못하는 사이에 말씀은 우리 안에서 역사할 것이다."[6]

이제는 내면의 씨앗이 외부로 자라기 시작하는 시점이다. 우리는 우선 순위를 바꾸어 주님에게 내려놓게 된다. 이 일은 대개 하루아침에 되는 일이 아니다. 성장의 과정이다. 우리 마음에 하나님의 말씀이 살아갈 공간을 내줄 때, 성령은 그 말씀이 뿌리를 내려 우리 마음의 가장 더러운 구석까지 뚫고 들어가게 하신다. 그 뿌리가, 우리 속으로 얼마나 깊이 파고들지, 그 가지가 우리 밖으로 얼마나 넓게 퍼져 나갈지 아무도 모르는 일이다. 다만 마음의 동산에 말씀이 차지할 자리를 내준다면 이것만은 확신할 수 있다. 성령이 그 가지로 우리 삶의 울타리를 휘감게 하사 우리가 상상도 못한 방식으로 쓰실 것이다. 그 덩굴이 우리 주변 사람들의 삶뿐 아니라 우리 후손들의 삶에까지 뻗어 나가게 하실 것이다.

그것이 씨앗에 들어 있는 힘이다.

그리고 씨앗을 자라게 하시는 성령의 능력이다.

영화 묵상하기

> 형제의 눈 속에 있는 티끌랑은 걱정 말고 자신의 눈 속에 든 들보를 빼내야 한다는 예수님의 경고는 시대를 초월한 투사(投射) 현상의 비중을 잘 보여 주고 있다.… 인간이란 부정적인 것이든 긍정적인 것이든 친구들이나 모르는 사람들의 능력은 크게 보면서 자신은 그 한가운데서 무력감과 결핍을 느낀다. 자신의 위대한 잠재력을 보지 못한 채 확실하고 참된 자기만의 체험의 자취를 놓치고 만다.
>
> 영화는(사실 모든 예술은) 우리로 하여금 자신을 새롭게 보게 해 준다. 영화는 우리의 '들보'가 담긴 곳을 보여 줄 수 있다.[1]
>
> 마샤 시네타(Marsha Sinetar),
> 「영화의 힘: 영화를 통한 영적 성장(*Reel Power: Spiritual Growth Through Film*)」

C. S. 루이스는 *Experiment in Criticism*(비평 실험)이라는 책에서 이렇게 말했다.

"우리는 (모든)예술 작품을 '받아들일' 수도 있고 '이용할' 수도 있다. 받아들인다는 것은 예술가가 창조해 낸 양식에 준하여 우리의 오감과 상상력과 기타 여러 능력을 구사하는 것이다.

이용한다는 것은 예술 작품을 우리 자신의 활동의 보조 수단으로 취급하는 것이다."[2]

예술 작품을 이용하는 것과 받아들이는 것의 차이는 곧 예술 비평과 예술 감상의 차이이다. 예술을 심사할 때 우리는 비평가가 되어 그 위에 서 있다. 예술을 감상할 때 우리는 배우는 자가 되어 그 아래 앉아 있다. 한 쪽은 교만한 자의 자세이다. 다른 쪽은 겸손한 자의 자리이다.

하나님이 이생에서 주시는 모든 좋은 것을 받을 수 있는 자리에 우리를 있게 하는 것, 그것이 겸손이다. 그 좋은 것들의 일부가 예술을 통해 주어진다.

어렸을 적 뭔가에 깊은 감동을 받던 순간들을 떠올려 보라. 그 중에는 예술의 형태로 찾아온 순간들이 있지 않은가? 사진, "무지개 너머" 같은 노래, 로버트 프로스트(Robert Frost)의 시, 〈아기 사슴 밤비〉 같은 영화, 「조랑말」 같은 책.

오늘 우리의 삶 속에서 하나님이 어느 순간을 사용하실지, 어떻게 사용하실지 아무도 모른다. 마음을 열고 받아들일 준비가 되어 있지 않는 한 그 순간은 절대 알 수 없을 것이다. 예수님이 제자들에게 어린아이처럼 스스로를 낮추라 하신 데는 이런 이유가 있는지도 모른다.

어른이 잘 못하는 일을 어린아이가 특히 잘하는 것이 하나 있기 때문이다.

선물을 받는 능력.

어려서부터 지금까지 나는 다양한 예술의 손으로부터 수많은 선물을 받았다. 그 손들 중 영화만큼 선물이 후했던 것은 없다. 영화는 더욱 묵상하는 삶을 사는 데 특히 도움이 된다. 영화는 두 시간 남짓 어둠 속에 앉아 웃고 울고 생각하고 타인의 사연 속에 자신을 잊을 수 있는 기회를 준다. 영화가 다른 어떤 매체보다 뛰어난 것은 우리로 보게 한다는 것이다. 뭔가 중요한 것을 클로즈업하여 강조하는 카메라의 움직임처럼. 더 충분한 경험을 위해 순간을 연장하는 느린 화면처럼. 비디오가 생기면서 이제는 한 장면을 보고 또 보며 매초까지도 음미할 수 있게 되었다. 실생활에서는 쉽지 않은 일이다.

영화에서 보는 법을 터득하면 삶 속에서도 볼 수 있게 될 것이다. 그래서 나는 영화가 좋다. 영화는 삶을 보게 해준다. 어쩌다 사람들을 평상시보다 좀더 가까이에서, 혹은 조금 멀리서, 혹은 다른 각도에서, 혹은 다른 시점, 예컨대 어렸을 적 모습으로 보면, 그들 속에서 여태 한 번도 보지 못했던 모습을 보게 된다. 여태 보지 못했던 바로 그 모습이 여태 사랑할 수 없었던 그들을 사랑하게 되는 계기가 될지도 모른다.

영화를 볼 때 그런 일이 항상 일어나는 것은 아니지만, 일단 일어나면 정말 놀라운 체험이다.

나는 영화 〈프라이드 그린 토마토(Fried Green Tomatos)〉를 보며 그런 체험을 했다. 여러 번 보았는데도 볼 때마다 전에 못 봤던 것을 또 보게 된다. 특히 한 장면이 가슴에 생생하다.

순간을 읽기

여러분에게 그 장면을 보여 줄 수 있으면 좋겠다. 백문이 불여일견이므로. 이 영화를 직접 빌려다 볼 것을 권하고 싶다. 특히 거기에 나오는 '위슬 스탑 카페' 장면을 유심히 보았으면 한다. 시간은 점심때, 식당은 발 디딜 틈도 없다. 좋은 일이다. 잇지와 친구 루스가 빌린 돈으로 산 식당이기 때문이다. 이들 둘은 다분히 마리아와 마르다 타입의 인물이다. 잇지는 분주하고 외향적인 여자이다. 루스는 느긋하고 조용한 여자이다.

잇지는 테이블 시중을 들고 있다. 이 테이블에 옥수수빵 접시를 떨구고, 저 테이블의 커피 잔을 채우고. 그러는 내내 동네 경찰 그레이디가 잇지 뒤를 따라다닌다. 진지하게 말을 붙여 볼 심산으로. 잇지가 식당 뒷마당의 흑인들에게 음식을 내다 주는 것이 돈줄인 백인 고객들 사이에 말거리가 되고 있다는 사실을 어떻게든 알아듣게 하려는 것이다. 물론 그레이디에게는 당연한 얘기가 잇지에게는 말도 안되는 얘기일 뿐이다. 한편 루스는 계산대 뒤에서 모든 사태를 보고 듣고 있다. 괄괄한 동업자 잇지가 경찰의 불평을 어떻게 처리할지 모른 채로.

"파이 좀 드릴까요, 그레이디?"

루스가 상황을 다른 쪽으로 돌리려 끼여든다.

그러나 파이도 그레이디를 따돌리지 못한다. 그레이디와 잇지 사이에 대화가 오고가지만 잇지는 자기 행동에 대한 설명은 고사하고 한시도 일손을 놓지 않고 시간을 내주지 않는다. 위슬 스탑 카페의 점심 시간은 하루 중 가장 바쁜 시간이고, 잇지는 서둘러 해야 할 다른 일들이 더 많았다.

적어도 그 순간은.

거기서 순간이 바뀐다. 커피를 더 끓이려고 주방으로 돌아간 잇지의 눈에 점심 상 위로 떨고 있는 손 하나가 잡힌다. 마을 주변을 배회하며 사는 뜨내기 노숙자 스모키 론섬의 손이다. 조금 전, 잇지는 그에게 튀긴 닭과 으깬 감자와 옥수수를 접시 가득 담아 주었다. 그런데 포크에 옥수수를 떠서 입으로 가져가는 사이 손이 심하게 떨려 옥수수가 다 떨어지고 있다.

카메라는 순간 루스를 비춘다. 이번에도 루스는 보고 있다.

잇지는 하던 일을 멈추고 그에게 가 나직이 말한다.

"같이 바깥으로 나가요, 스모키."

뒷문을 통해 함께 밖으로 나가는데 스모키가 옥수수 흘린 일을 사과하며 말한다.

"또 증세가 도지는 것 같아요."

그 순간 잇지는 앞치마에서 위스키 병을 꺼내 그에게 주어서 알콜 중독 때문에 생긴 떨리는 증세를 가라앉힌 뒤, 한 팔로 그를 감싸고 걸으며 이야기를 들려준다. 잇지가 어렸을 때 오빠가 우스갯소리로 해주곤 하던 것으로, 오리 떼가 노닐고 있는 채로 연못이 얼어붙자 조지아로 날아가는 오리 떼 발에 연못까지 붙어서 같이 가 버렸다는 이야기이다.

카메라에 다시 루스가 잡힌다. 루스는 칸막이 문을 통해 모든 것을 보고 있다.

다음 순간은 늦은 밤, 스모키가 식당 창고 헛간에 누워 있다. 루스가 담요를 가지고 헛간 안으로 들어가 스모키의 몸을 덮어 준다.

"하나님께서 복 주시길 빕니다."

스모키가 말한다. 거기서 장면은 끝난다.

여기까지 우리는, 이를테면 장면을 '읽은' 것이다. 지금부터는 그 장면을 묵상하며 내가 했던 생각이다.

순간을 묵상하기

내가 이 장면을 묵상한 것은 마음에 와 닿는 것이 있기 때문이다. 그 장면은 마음에 울림을 주며, 여기 뭔가 성스러운 것이 담겨 있으니 눈여겨보라고 말하는 듯했다. 내 마음에 와 닿은 것은 그 장면 속에서 본 예수님의 모습이 아니었나 싶다.

전혀 뜻밖이었다. 그분이 영화 속에서 모습을 드러내시리라고는 생각지도 못했던 것이다. 내가 배운 바로는, 때로 예수님은 가장 아닌 것 같은 방식으로 우리를 찾아오신다. 잘 보고 있지 않으면 놓치고 만다. 그분은 눈만 가지고는 볼 수 없는 모양으로 우리를 찾아오신다. 귀만 가지고는 들을 수 없는 방식으로 우리에게 말씀하신다. 그분은 우리 전존재의 반응을 요구하며 찾아오신다. 우리 전존재를 향해 호소하시기 때문이다.

이 경우, 예수님은 잇지의 형태로 찾아오신다.

잇지는 제멋대로 사는 사람이다. 기성 종교를 비웃고, 권위에 대놓고 반항하고, 담배 피우고, 술 마시고, 도박하고, 때로는 뱃사람처럼 욕지거리도 내뱉는다. 그러나 그 모든 것의 이면에 예수님의 모습이 나타난다. 여러분도 보았으리라 생각한다. 내가 얘기를 꺼내기 전부터 이미. 잇지가 스모키를 밖으로 데리고 나가며 팔로 감싸 주고 얘기를 들려주는 모습은 그대로 예수님이 하셨을 일이 아닌가. 물론 예수님은 다른 음료를 주시고 다른 얘기를 해주셨을지 모르지만 그 친절한 행위야말로 똑같지 않은가.

혹시 그 밖에 다른 사람 모습에서 예수님을 보았는가?

루스에게서.

루스가 스모키를 담요로 덮어 줄 때. 이 장면의 초점은 잇지에게 있지만—처음에는 잇지와 그레이디, 다음에는 잇지와 스모키—가끔 한 순간씩 잇지를 보고 있는 루스가 카메라에 잡힌다. 루스가 잇지 안에서 본 동정심이 루스 자신 안에서도 같은 동정심을 불러일으킨다.

그 밖에 또 다른 사람에게서 예수님의 모습을 보았는가?

이 인물에서는 그분 모습을 찾기가 조금 어렵다. 실눈을 하고 봐야 한다. 여기서 잠시 멈추고 그 장면을 다시 한 번 읽어 보라. 그분을 찾아낼 수 있는지 보라.

♣

포기했는가?

이 말이 좀 도움이 될지 모르겠다. 미술 작품을 보며 깨달은 것인데, 때로는 화가가 포착하려는 바가 눈에 잘 들어오지 않을 때가 있다. 그럴 때는 그림 밑에 있는 작가의 작품 설명을 읽어 보면 도움이 된다. 이 경우. 성령께서 내 마음에 떠오르게 하신 작품 설명은 마태복음 25장 37-40절 말씀이다.

이에 의인들이 대답하여 가로되 주여 우리가 어느 때에 주의 주리신 것을 보고 공궤하였으며 목마르신 것을 보고 마시게 하였나이까 어느 때에 나그네 되신 것을 보고 영접하였으며 벗으신 것을 보고 옷 입혔나이까 어느 때에 병 드신 것이나 옥에 갇히신 것을 보고 가서 뵈었나이까 하리니 임금이 대답하여 가라사대 내가 진실로 너희에게 이르노니 너희가 여기 내 형제 중에 지극히 작은 자 하나에게 한 것이 곧 내게 한 것이니라 하시고.

작품 설명을 읽으니 그림이 더없이 선명해지지 않는가?

물론 또 다른 한 사람은 스모키 론섬이다.

이제 '당신'의 묵상을 위한 질문이 하나 있다. 이 세 인물이 영적인 차원에서 서로 어떻게 관련을 맺고 있는가?

제한 시간 1분….

♣

우리 안에 그리스도의 형상이 이루어지는 역동이 그들 안에 일어나고 있다.

잇지는 우리 안에 거하시는 성숙한 그리스도이다.

루스는 자라는 그리스도이다.

스모키 론섬은 가난한 그리스도이다.

스모키 안의 가난한 그리스도가 잇지 안의 성숙한 그리스도를 불러냈고 그것은 다시 루스 안의 자라는 그리스도를 불러냈다. 서로가 서로를 도왔다. 가난한 그리스도는 성숙한 그리스도가 그들 속에 가시화되게 했다. 그렇게 모습을 드러낸 성숙한 그리스도는 모본을 통해 자라는 그리스도를 도왔다. 자라는 그리스도는 그 모본을 따라 가난한 그리스도를 찾아갔다. 잇지와 루스는 스모키를 "평안히 가라"는 덕담 한마디로 돌려보내지 않았다. 돌아가는 그는 따뜻해져 있었고 충만해져 있었다. 잇지와 루스 역시 스모키를 통해 똑같이 되었다.

"하나님께서 복 주시길 빕니다."

축복은 쌍방으로 흘렀다. 스모키에게 갔던 축복이 다시 루스에게로. 순환인 셈이다. 바로 그것이 아직 어린 그리스도의 몸(교회)이 성장하는 모습이요, 성숙한 그리스도의 몸이 세상에 가시화되는 길이다.

질문이 있다. 잇지와 루스와 스모키 론섬 사이의 역동과 비슷한 예를 오늘날 찾아볼 수 있는가?

이것을 생각하는 데는 1분이 더 걸릴 것이다….

♣

막막한가? 힌트가 있다.

"가난한 자 중에 가난한 자."

테레사 수녀. 바로 잇지이다. 그리고 테레사 수녀가 인도에서 섬겼던 가난한 자 중의 가난한 자, 그들이 스모키 론섬이다.

여기가 어려운 부분이다.

루스는 누구인가?

♣

힌트, 테레사 수녀와 같은 주간에 죽은 사람이다.

다이애나 왕세자비.

1997년 9월 그 슬픔의 한 주간, 어디를 가나 다이애나 왕세자비와 테레사 수녀의 사진 일색이었다. 양쪽 장례식 모두 방송으로 중계되었다. 신문과 잡지는 저마다 독점 기사와 함께 속속 가판대에 올랐다.

그 중 유난히 가슴에 와 닿는 것이 있었다. 다이애나의 영정에 바치는 「라이프(Life)」지 특별 기사였다. 이 잡지는 두 여인의 사진을 나란히 실은 뒤 이런 설명을 달았다.

"테레사 수녀(87)와 다이애나 왕세자비(36)가 올해 초에 마지막 만났던 사진이 많이 실리고 있지만, 두 사람이 삶으로 묶여진 일은 별로 없다. 그러나 시기적 우연이 두 사람을 죽음으로 묶어 주고 있다. '사랑의 선교회' 창설자가 이토록 명사처럼 보인 일도 없었고, 웨일즈의 왕세자비가 이처럼 성스러워 보인 일도 없었다. 이런 일이 아니었으면 절대 없었을 두 사람의 비교가 갑자기 필연이 된 셈이다."[3]

몇 년 전 테레사 수녀는 다이애나 왕세자비를 캘커타로 초청한 일이 있다. 그러나 다이애나는 캘커타로 가기 전, 먼저 로마로 가야 했다. 테레사 수녀가 거기 입원해 있었던 것이다. 그 후 두 사람은 몇 차례 만났다.

드디어 다이애나가 캘커타에 갔다. 거기서 병 든 자들에게 약을 나누어 주었다. 사탕과 약간의 친절한 몸짓과 함께. 처음 만난 순간부터 다이애나 왕세자비는 테레사 수녀를 어머니로 생각했다.

U. S. News & World Report(유에스 뉴스 앤드 월드 리포트)지에서 마이클 셋첼(Michael Satchell)은 두 사람의 유사성을 이렇게 묘사했다.

"명사 숭배의 시대를 산 작은 체구의 쭈글쭈글한 성녀와 늘씬하고 아름다운 왕세자비, 비록 죽음의 모습은 크게 달랐을지라도 두 사람의 삶에는 공통점이 있다. 수많은 이들의 사랑을 받던 특권과 비운의 다이애나는 그 미모와 명성은 물론 영국 왕실의 딱딱한 전통을 거부하고 장애인과 환자들을 터놓고 끌어안는 자세로 성화(聖化)의 경지에 올랐다. 사랑의 선교회로 전세계 수백만 영혼을 섬긴 테레사 수녀는 '살아 있는 성녀'로 추앙받으며, 평생 가난하고 죽어 가는 자들을 돌본 공으로 1979년 노벨 평화상을 받았다.

두 사람은 불행한 자들에 대한 애정과 어린이들을 향한 깊은 사랑을 공유했다. 이들의 마지막 만남은 1997년 6월 브롱크스에 있는 사랑의 선교회 수녀원에서 있었다. 병약한 노수녀가 휠체어에서 일어나 다이애나와 함께 걸었다. 두 사람은 서로 팔을 맞잡고 입맞추며 끌어안고 기도했다. 영국 언론에서 역사상 왕실 가족의 행보 중 가장 인상적인 것이라 평한 장면이다."[4]

테레사 수녀와 다이애나 왕세자비.

잇지와 루스.

아름답지 않은가? 사랑의 역동. 그리스도가 세상에 가시화되는 길(엡 4:11-16).

질문이 또 하나 있다.

순간에 반응하기

당신은 이 영화에서 어떤 역을 맡고 싶은가?
다시 제한 시간 1분.

♣

…아직 59초가 남았을 줄 안다.

단연코 잇지이리라. 잇지는 강하고 귀엽고 성격도 좋다. 진짜 지도자이다. 루스 역할도 괜찮을 것이다. 루스도 귀엽고, 그녀의 삶에서 잠재력이 자라고 있다. 둘 다 좋지만 역시 잇지 역이 낫다.

둘 다 주어지지 않았다고 하자. 당신에게 주어진 역할이 스모키 론섬이라고 하자. 하겠는가?

영화 속에서라면 못할 것 없다. 작은 역이지만 더 큰 역할, 더 나은 역할로 이어지는 발판이 될 수 있다.

실제 생활 속에서는 어떤가?

나설 사람 있는가?

내 손 역시 올라가지 않는다. 그러나 하나님은 삶의 어느 한 시점에서 당신을 가난한 그리스도 역할로 부르실 수 있다. 삶의 어느 한 시점에서 나를 그렇게 부르실 수 있다. 하나님이 부르신다면 하겠는가? 나는 할 것인가?

솔직히?

솔직히, 나는 그리스도를 닮고 싶다.

그러나 솔직히, 내가 닮고 싶은 그리스도는 물을 포도주로 바꾸신 분이지 십자가 위에서 목마르신 분이 아니다. 내가 닮고 싶은 그리스도는 옷을 입으신 분이지 옷조차 제비 뽑는 데 빼앗기신 분이 아니다. 내가 닮고 싶은 그리스도는 오천 명을 먹이신 분이지 광야에서 40일 간 굶주리신 분이 아니다. 내가 닮고 싶은 그리스도는 제자들과 함께 밀밭길을 걸으시던 자유로운 분이지 제자들에게 버림받고 감금되신 분이 아니다.

나는 강도 만난 사람이 아니라 선한 사마리아인이 되고 싶다.

그러나 그 사람이 강도를 만나 매맞고 옷이 벗겨진 채 죽게 내버려지지 않았다면 사마리아인의 선함은 결코 가시화되지 않았을 것이다.

이것이 기독교의 어두운 면이다. 처음 그리스도인이 될 때는 보지 못하는 부분이다. 그리스도를 닮기 원한다면 그분의 삶의 양면을 다 받아들여야 한다. "그리스도의 고난에 참예한다"는 성경 말씀이 바로 그런 뜻이 아니고 무엇이겠는가? 고난 '없이' 어떻게 그런 참예에 들어설 수 있겠는가? 우리 자신이 슬픔과 비애를 모르고서야 어찌 질고(疾苦)를 아는 슬픔의 사람을 진정으로 알 수 있겠는가?

이것이 바로 그리스도께서 우리 안에서 자라시는 모습이다. 몸 된 교회도 그렇고 그 몸의 지체인 각 개인도 그렇다. 그것은 또한 많은 사람들이 그리스도께 돌아오는 길이기도 하다. 어떤 사람들에게는 그것이 유일한 길이다. 선한 사람들에게 나쁜 일이 터지는 이유를 적으나마 거기서 찾을 수 있을지도 모른다.

주변 사람들의 유익을 위해.

그들이 그리스도께 돌아올 수 있도록.

그리스도께서 그들을 찾아가실 수 있도록, 그리고 그들 안에 거하실 수 있도록.

그리하여 주께서 다시 한 번 이 세상에 태어나실 수 있도록.

사람 묵상하기

"[하나님은] 우리에게 우리 자신에 대해서도 말씀하신다. 우리가 무슨 일을 하며 어떤 존재가 되기를 원하시는지 말씀하신다. 내가 믿기로는 바로 이 점이 우리가 스스로 인정하는 것보다 그분에 대해 훨씬 많이 알고 있는 부분이요, 설령 하나님을 믿지 않는 사람들에게도 그분이 하시는 말씀이 들리는 부분이다. 길거리에서 한 얼굴이 우리에게 다가온다. 눈을 들고 볼 것인가, 못 본 척 말없이 지나칠 것인가? 누군가 다른 사람 이야기를 하는데 그 내용이 잔인할 뿐 아니라 우습기도 해서 듣는 이들이 다 웃는다. 같이 웃을 것인가, 진실을 말할 것인가? 친구가 나에게 상처를 입힐 때, 마음에도 사랑 못지않은 쾌감이 있는지라 그를 미워하며 쾌감을 맛볼 것인가, 작고 미약한 다리나마 다시 이으려 노력할 것인가? 혼자 있을 때면 머리 속에 생각들이 벌 떼같이 들끓을 때가 있다. 그 중에는 파괴적이고 흉측하고 패배적인 생각도 있고, 창의적이고 즐거운 생각도 있다. 선택한다면 어느 쪽 생각을 택할 것인가? 오늘 우리는 비겁할 것인가, 용감할 것인가? 훌륭해 보이는 게 아니라 약간 바보 같아 보일지라도 용감할 것인가? 오늘 우리는 정직할 것인가, 거짓말쟁이가 될 것인가? 하찮은 일일지라도 정직할 것인가? 오늘 우리는 친구가 될 것인가, 얼음장처럼 냉정할 것인가?

어리석은 사소한 만남들, 결정들, 내면의 작은 충돌들, 그런 것들이 다 모여 우리의 하루하루가 된다. 다 모여도 아주 작을 수 있지만, 그러나 다 모이면 아주 커진다. 우리의 하루하루는 난센스투성이다. 그러나 아니다. 하나님은 정확히 하루하루의 그 난센스 속으로 우리에게 진정 의미심장한 말씀을 들려주시기 때문이다…"[1]

프레더릭 부크너, 「장엄한 패배(*The Magnificent Defeat*)」

하나님과 다른 사람들을 더 잘 사랑하는 것이 묵상하는 삶의 목표이다. 그러나 사랑할 수 있으려면 먼저 대상을 보아야 한다. 보되 우리가 보고 싶은 모습으로 보거나 상대가 보이기 원하는 모습으로 보면 안된다. 우리는 다른 사람을 있는 그대로의 모습으로 보아야 한다. 그렇지 않는 한 그 사람을 사랑하는 것이 아니다. 우리 생각 속의 모습을 사랑하는 것이다. 사람을 있는 그대로 사랑하려면 있는 그대로 보아야 한다. 내면에 숨은 것을 다 보아야 한다는 뜻이다.

이런 이야기가 있다.

어떤 랍비가 서재에 앉아 있는데 누가 찾아와 문을 두드려 잠시 독서가 끊긴다.

"들어오시오."

랍비의 제자 중 하나였다. 제자는 스승이 너무 고마웠기에 와서 말하지 않고는 견딜 수 없었다.

"선생님, 제가 선생님을 얼마나 사랑하는지, 단지 그 말씀을 드리고 싶었습니다."

랍비는 책을 내려놓고 안경 너머로 쳐다본다.

"나를 아프게 하는 것이 무엇인가?"

제자는 어리둥절하여 랍비를 바라본다. "네?"

"나를 아프게 하는 것이 무엇인가?" 랍비가 다시 묻는다.

제자는 할 말을 못 찾고 서 있다가 결국 어깨를 으쓱하며 답

한다. "모르겠습니다."

그러자 랍비가 되묻는다. "나를 아프게 하는 것이 뭔지도 모르면서 어떻게 나를 사랑할 수 있다는 거지?"

당신을 아프게 하는 것은 무엇인가? 당신을 사랑하는 사람들이 그것을 알고 있는가? 그렇지 않다면 어떻게 그들이 당신을 진정 사랑할 수 있는가? 혹은 나를? 상대를 아프게 하는 것이 뭔지도 모르면서 어떻게 서로 사랑할 수 있는가?

스티비를 아프게 하는 것을 누가 알까? 스티비는 십대 소녀이다. 일행 가운데서 가장 인기 있는 사람으로서, 언제나 잘 차려 입어야 하고 언제나 기분 좋아야 하고 언제나 남들을 웃겨야 한다. 여기에 스티비의 아픔이 있다.

당신은 아나요?
광대가 된다는 것이 어떤 것인지.
당신은 아나요?
웃음의 홍수를 고통스레 견디는 것이 어떤 것인지.
당신은 아나요?
한 여자 아이가 서커스 배우로 태어난다는 것이 어떤 것인지.
당신은 아나요?
머리 속에 웃길 생각만 하며 산다는 것이 어떤 것인지.
당신은 아나요?
내 얼굴에는 본래 하얀 색이 없지요.

하지만 난 가면을 쓰고 살아요.
도무지 바뀔 줄 모르는 멍청한 미소도 있어요.
언제나 거기 있죠.
누구나 거기 있으려니 생각하지요.
사람들은 그게 좋은 거예요.
사람들은 광대를 즐겨요. 광대를 이용해요.
세상에 아무 신경 쓸 것 없는 게
광대인 줄 아니까요.
나는 안 좋은 기분을 남들과 나눌 수 없어요.
그것은 이상한 사치이죠.
나는 광대가 되어야만 해요.
사람들이 놀릴 때마다 나는 서커스 동작을 취해요.
물구나무 선 바보가 되는 거죠.
그렇게 서서 올려다보면
세상은 거꾸로 된 사람들로 가득 차 있어요.
다들 자기 아닌 다른 존재가 되려 하고 있죠.

핏기 없는 이상한 화장품을
바른 사람들이 너무 많아요.
오래 바르고 있을수록 속에 숨은 진짜 모습이 어떤 것인지
분간하기 더 어려워지죠.

나는 누군가 내 얼굴 속으로 와
나를 찾아 주기를 기다리고 있어요!
스티비가 아닌 나를!

주님, 언제나 이 스티비에서 벗어나
진짜 내가 될 수 있을까요?[2)]

우리는 언제나 그럴 수 있을까?

누군가 우리 얼굴 속으로 와 우리를 찾아 줄 때. 그리고 그 속모습과 상관없이 우리를 사랑해 줄 때. 그러나 우리는 대부분 속을 보려는 마음조차 없다. 혹 보더라도 대번 고개를 돌리고 말 것이다. 가까이 가지도 않을 것이다. 때로 다른 사람의 속 모습은 우리의 마음을 끌기보다는 오히려 밀어내기 때문이다. 우리가 가면을 쓰는 이유가 바로 거기 있다.

그러나 때로 그 가면이 벗겨지면 우리의 편견도 함께 벗겨지고 그 편견 때문에 생겼던 거리도 같이 없어진다.

마돈나를 생각해 본다.

마돈나를 모르는 사람이 있을까. 가수, 대중의 우상, MTV의 악동. 누구나 그녀를 안다. 숀 펜의 전(前) 부인, 데니스 로드맨의 타고난 말괄량이 애인, 데이비드 레터맨의 입버릇 상스러운 초대 손님.

누구나 안다. 영화 스타, 섹스에 관련된 책을 쓴 사람, 자기 트레이너를 꼬드겨 그와의 관계로 아기를 임신한 사람.

마돈나라면 누구나 안다.

그러나 과연 그럴까?

나는 안다고 생각했다. 한 텔레비전 인터뷰를 보기 전까지는.

순간을 읽기

인터뷰하는 사람도 마돈나에게 으레 하는 상투적인 질문을 던졌고, 마돈나 역시 으레 하듯 상투적으로 답했다. 두 사람은 그렇게 거기 앉아 계속 말을 주고받다가 한 순간 인터뷰하는 사람이 다음 질문의 서두를 이렇게 꺼냈다. "당신은 정말 모든 것을 다 가진 여자입니다. 가수에 배우에 책까지 썼지요. 돈에 명예에 미국 대중 문화에서 차지하는 위상까지 갖추지 않았습니까. 표지 모델이라면 거의 안 해본 잡지가 없고요. 세계적인 인물 정도가 아니라 세계적인 힘이라고나 할까요."

그 동안 마돈나는 다 맞다는 듯 고개를 약간씩 끄덕이고 앉아 있었다. 질문이 나올 때까지.

"이 모든 것을 다 포기하고서라도 얻고 싶은 것이 혹시 있습니까?"

갑자기 마돈나의 얼굴이 굳어졌다. 두 눈에 눈물이 가득 고였다. 입술이 떨렸다. 숨을 한 번 들이쉰 후 대답했다.

"엄마가 있었으면."

순간을 묵상하기

나는 마돈나가 어려서 어머니를 잃은 것을 몰랐다. 그리고 그것이 얼마나 깊은 상처가 되었는지도 몰랐다. 그 눈물을 통해 그리고 그 대답을 통해 그것이 얼마나 큰 아픔인지 조금은 알 수 있었다.

마돈나가 마치 조그만 여자 아이처럼 거기 의자에 힘없이 앉아 있는 모습을 보노라니 갑자기 측은한 마음이 들었다. 그제서야 이해가 갔다. 마돈나가 아기를 가진 것은 조그만 여자 아이에게 엄마가 되고 싶어서였다. 자기에게는 없었던 엄마가. 내면의 상처를 본 덕분에 마돈나를 사랑하게 되었다. 기도해 주게 되었다. 그리고 세월이 흐르면서 그 아기가 마돈나를 어떻게 변화시켜 줄지 희망과 기대의 마음으로 지켜보게 되었다.

오래 기다릴 필요도 없었다. 식품점에 줄을 서 있다가 「TV 가이드」 표지에 실린 마돈나의 사진을 보았다. "마돈나 비밀 고백." 사진 위에 적힌 글이었다. 「TV 가이드」에 밝힌 이야기가 지난번 텔레비전 인터뷰에서 본 눈물의 의미를 이해하는 데 도움이 되지 않을까 하는 생각이 들었다. 일부 발췌해 보면 이렇다.

TV 가이드: 친구들 말로는 아기를 낳으신 후 마음이 더 평안해졌다고들 하던데요.

마돈나: 병원에 갔을 때 이런 생각을 하던 게 기억나요. '지금은 아기가 없지만 한두 시간 후면 아기를 낳게 된다. 그러면 나는 완전히 다른 사람이 될 것이다.' 꼭 경계선을 넘는 일 같아요.

TV 가이드: 여성의 세계로 말이죠.

마돈나: 맞아요! 저 자신의 좀더 여성적인 측면을 보게 됐어요. 지금까지는 세상을 훨씬 남성적인 시각으로 보았거든요. 분할하고 정복하는 식으로. 어머니가 없이 자라서 그런지 세상에 대해서 항상 '나는 아무도 필요 없어, 아무한테도 기대지 않을 거야' 하는 식의 태도가 있었어요. 항상 경계 태세를 취하고 사는 거죠. 그런데 자식에게는 그럴 수 없거든요.

TV 가이드: 아기를, 특히 딸을 가져 보니까 어려서 어머니를 잃은 상처의 치유에 도움이 되던가요?

마돈나: 효과가 엄청나요. 제가 받지 못했던, 그래서 늘 동경하던 것이 바로 어머니가 주는 무조건적인 사랑이었어요. 내게 딸이 있다는 것이 바로 그런 것이더군요. 처음으로 느낀 진짜 순수한 무조건적 사랑이 아닌가 싶어요. 적어도 제 의식 속에서는 처음 있는 일이에요…[3]

순간에 반응하기

당신도 나처럼 마돈나를 외모로 판단했다면 내면의 상처를 보지 못했을 것이다. 그 상처를 볼 수 없다면 어떻게 그 사람을 사랑할 수 있겠는가?

예수님은 이 땅에서 사실 때 사람들의 내면의 상처를 보셨다고 나는 믿는다. 우물가의 여인, 일곱 귀신 들린 여자, 간음하다 잡힌 여자. 외모만 본다면 다 시시한 여자들이었다. 그러나 예수님은 외모 이상의 것을 보셨다. 내면의 상처를 보신 것이다. 그리고 그분은 그 상처를 어루만지셨다. 가장 부드럽게. 그리하여 치유해 주시고 온전케 해주셨다.

우리도 그분을 닮으려면 다른 사람들에게서 외모 이상의 것을 보아야 한다. 야한 옷, 지저분한 이야기, 주간지 기사 이상의 것을 보아야 한다. 속을 보아야 한다. 내면의 상처를 보아야 한다. 그리고 어떤 식으로든 그 내면에 다가가 상처를 어루만져 주어야 한다. 가장 부드럽게. 그리하여 치유에 최대한으로 힘써야 한다.

마돈나로 하여금 사랑을 찾아 나서게 한 것은 어머니를 잃은 상처였다. 마돈나가 찾으려 한 것은 하나님의 사랑이라고 나는 믿는다. 우리 모두가 찾고 있는 것이 그것이듯.

그 인터뷰를 통해 나는 마돈나가 그 사랑을 찾다가 결국 유대교의 한 분파에 들어가 현재 그것을 배우며 믿고 있다는 사실을 알게 되었다. 그렇게 찾기를 거듭하다가 결국 어디까지 이를지 누가 아는가?

예수님에게 이를지도 모른다.

어쩌면 처음부터 그분이 마돈나를 찾아 나서신 것인지도 모른다.

연극 묵상하기

> "[연극은] 인생의 본질을 보여 준다. 세 시간 동안 많은 것을 말해 준다. 경고하고 충고하며, 정의를 가르치고 연민을 품게 한다. 인간의 자유와 고뇌를 예찬한다. 모든 고귀한 것이 그 속으로 흘러든다. 듣는 자들이 직접 시인이 될 정도로 강렬한 동정을 불러일으킨다. 아무것도 감추지 않고 모든 동기를 분석한다. 모든 것을 알몸으로 드러낸다. 사실 연극은 모든 형태의 가르침 중 가장 솔직하고 노골적인 것이다. 도덕을 말이 아니라 행위로 보여 준다. 인생도 연극인데, 인생 역시 연극처럼 그 가르침을 무시당하는 충실한 스승이 아니고 무엇인가?"[1]
>
> W. T. 프라이스(W. T. Price), "연극의 기술(*The Technique of Drama*),"
> 앤드류 슬로운 드레이퍼(Andrew Sloan Draper),
> 『젊은이의 자기 문화(*Self Culture for Young People*)』에 인용된 글

비유는 예수께서 이스라엘이 당신의 분명하고 직접적인 가르침을 거절했을 때 사용하신 것이다(마 13:10-16). 비유에는, 받아들이는 심령에게는 진리를 밝혀 주고 받아들이지 않는 심령에게는 진리를 감추는 두 가지 기능이 있었다. 교회사의 현시점에서 하나님이 그다지 분명히 말씀하시지 않는 것 같은 이유도 조금은 거기에 있을지 모른다. 즉 말씀은 하시되 비유가 더

묵상하는 삶의 성장 171

많을지 모른다.

내가 믿기로 하나님은 우리에게 자연을 통해 비유로 말씀하신다. 자연의 진리는 숨겨져 있으나 볼 눈만 있다면 어디에나 널려 있다. 성스러움은 햇빛과 비처럼 온 땅에 충만하다. 비유는 땅에 떨어진 씨앗처럼 어디에나 있다. 그 작은 손안에 천국의 비밀을 꼭 쥔 채.

자연 외에도 하나님은 다른 비유를 통해 우리에게 말씀하신다. 역사를 통해, 꿈을 통해, 그리고 많은 경우 우리 일상의 순간을 통해 비유의 말씀을 들려주신다. 어쩌다 한 번씩 영화를 통해서도.

영화 〈카멜롯(Camelot)〉은 비유 일색이다. 그 중 많은 것이 잠언에서 금방 나온 것 같을 정도로 성경적이다. 내가 제일 좋아하는 장면은 영화 끝 부분에 나오는 아서 왕이 전투를 준비하는 장면이다. 원탁을 탈퇴해 왕국을 분할한 란셀롯 군대가 아서 군대를 치려 하고 있다. 갑옷을 입던 아서 왕이 풀숲에서 뭔가 바스락거리는 소리에 귀를 쫑긋 세운다. 검을 뽑아 들지만 알고 보니 어떤 꼬마 하나가 숨어 있다. 꼬마의 이름은 탐. 워위크라는 먼 고장에서 온 아이이다. 탐은 어린애다운 용기로 다가와 원탁의 기사가 되어 싸워 보고 싶다고 말한다. 아서 왕은 꼬마에게 원탁의 기사 중 아는 사람이 있느냐고 묻는다. 꼬마는 없다고 말한다. 그럼 본 적은 있느냐고 묻는다. 없다고 한다. 그러면 원탁의 기사를 어디서 들었단 말인가?

"얘기를 듣고 알았지요." 꼬마가 대답한다.

그러자 아서 왕은 그에게 워위크의 탐 경(卿)이라는 기사 작위를 준다. 그러나 전방에 내보내지는 않고 후위를 지키게 한다. 싸우되 죽지는 않게, 그리하여 고향에 돌아가 카멜롯에서 있었던 '잠깐이나마 찬란했던 한 순간'을 얘기해 줄 수 있게 한 것이다.

작가는 이야기를 지키는 사람이다. 한때 모닥불 주변에서, 유월절 식탁에서, 성만찬 식탁에서 전해 받은 이야기. 잊지 말라고 당부하던 이야기. 후위를 지키며 그런 이야기들이 죽지 않게 하는 것, 그리하여 잠깐이나마 찬란했던 우리 인생의 순간들이 잊혀지지 않게 하는 것, 그것이 작가의 과제이다.

그러나 어떤 이야기는 세월의 흐름 속에 새 옷을 입는 경우가 있다. 각 세대의 취향에 맞게 하기 위함이다. 그리하여 「로미오와 줄리엣」은 〈웨스트 사이드 스토리〉가 된다. 탕자의 비유는 모리스 센닥(Maurice Sendak)의 *Where the Wild Things*(야생의 자리)가 된다. 성경에서 가장 감동적인 이야기는 프랑스 작가 빅토르 위고(Victor Hugo)에 의해 새 옷을 입었다. 그리고 앤드류 로이드 웨버(Andrew Lloyd Webber)에 의해 다시 새 옷을 입었다.

어느 날 밤 나는 로스앤젤레스 슈베르트 극장에서 앤드류 로이드 웨버의 연극 〈레미제라블(Les Misérables)〉을 보았다. 1862년에 출판된 위고의 소설을 각색한 것이다. "이 책은 종교적인 책이다." 위고는 그 책에 대한 미출판 서문에서 그렇게 말했다. 앤드류 로이드 웨버의 연극에는 그 종교적 주제의 정신이 잘 살아 있었다.

연극은 내게 깊은 감동을 주었다. 깊은 영적 체험이었다. 누가 생각이나 했으랴? 세계 오락의 본고장에서의 체험을. 이튿날 나는 그 체험을 일기에 적었다. 묵상은 주로 인생 전반에 대한 것이었는데, 조금만 소개하면 다음과 같다.

무대 장치, 노래, 줄거리, 다 훌륭했다. 공연 도중 여러 곳에서 감동의 눈물을 흘렸다. 이 땅의 바리케이드 저편에서 무언가가 날 잡아 끌며 부르는 듯한 느낌을 받았다. 멀지만 분명히. 그 부름이 갈수록 점점 더 강하게 심어 준 확신은… 인생이란 대충 살기에는 너무 짧으며 허투루 보내기에는 너무 소중하다는 것이다.

이틀 후 직장에서 〈레미제라블〉 음악을 CD로 들은 다음 다시 일기에 쓴 글이 있다. 이번에는 묵상이 한층 깊어져 나 자신의 인생에 대해 생각하게 되었다.

내 영혼을 뒤흔들어 놓은 이야기, 내 손을 잡고 이 보이는 세상의 끝으로 가 저 보이지 않는 세상의 영광을 한 순간이나마 보게 해준 이야기. 얼마나 위대한 유산인가. 이 이야기는 소설을 쓰려던 내 결심을 한층 굳혀 주었다. 하지만 시작이 너무 늦은 것 같아 마음이 우울하다. 제대로 쓸 수 있다는 자신감이 생기려면 먼저 읽고 배워야 할 소설이 너무 많다. 남은 시간은 얼마 없다. 30년, 길어 봐야 40년. 내 인생도 절반이 지났다. 다음달이면 서른여덟 살이 된다. 무릎은 해가 다르게 악화되고 있고 늘 통증이 가시지 않는다. 목에는 관절염 통증. 귀에서 뭐가 울리면서 청력도 서서히 떨어지고 있다. 어제 드디어 새 안경을 맞췄다. 이중 초점 안경을.

연극에 대한 묵상이 나 자신의 유한한 운명에 대한 생각으로까지 이어질 줄은 몰랐지만, 정말 그렇게 되었다. 잘된 일이라 생각한다. 그것을 계기로 내 날수를 계수하게 되었기 때문이다. 단순히 남은 날의 수가 아니라 그것을 어떻게 보내야 하는지에 대해서도. CD 음악을 통해 가사를 전부 들을 수 있었다. 연극을 볼 때 놓쳤던 부분들까지. 듣고 또 듣는 사이 내 영혼에 그 이야기가 살아갈 자리를 더 많이 내줄 수 있었다. 그럴수록 이야기는 깊이 뿌리를 내렸다.

순간을 읽기

혹 잘 모르는 경우를 위해, 〈레미제라블〉의 줄거리는 율법과 은혜의 대비라 할 수 있다. 주역은 은혜로 사는 삶을 대표하는 장발장이라는 사람이다. 상대역은 율법의 지시대로 움직이는 삶을 대표하는 자베르라는 경찰관이다. 자베르의 삶은 쉼도 없고 평안도 없는, 가차없는 수색의 삶이다. 그 삶이 결국 그를 자

살로 몰아간다. 반면 장발장의 삶은 서서히 열리는 꽃봉오리처럼 부드러운 꽃잎으로 천천히 피어나는 사랑의 행전이다. 조용하고 겸허한. 그럼에도 그 아름다움은 흠잡을 데 없고 그 향기는 막을 수 없다.

그의 사랑의 행위 중 하나는 팡틴이라는 병 들고 가난한 여자를 향한 것이다. 팡틴은 자기 인생의 기구한 사연을 비통한 노래에 담아 들려준다.

> 남자들이 내게 친절했던 때가 있었지.
> 그들의 목소리는 부드럽고
> 그들의 말씨는 따뜻했다네.
> 한때 나는 사랑에 눈먼 적이 있었지.
> 세상은 노래로 가득 찼고
> 그 노래는 즐거웠다네.
> 그런 시절이 있었지.
> 이제는 모두가 엉망이 되었네.[2]

한창 젊은 사람들에게는 인생이 언제나 봄처럼 보인다. 그러나 모두의 인생에 가을은 찾아온다. 때로 가장 동경해 온 꿈마저 그 가을과 함께 시들어 버린다. 팡틴이 그러했듯.

> 내게도 꿈이 있었네.
> 인생이 이런 지옥 같은 삶과는 다르리라는,

지금쯤은 옛날 모습과 달라져 있을 것이라는.
그러나 삶은 내가 꾸어 온 꿈을
죽이고 말았네.[3]

이 노래는 박수 갈채뿐 아니라 눈물을 자아냈다. 박수 갈채는 아름다운 곡과 뛰어난 노래 솜씨에 대한 반응으로 나온 것이다. 그러나 눈물은, 눈물은 다른 곳에서 나온 것이다. 좀더 깊은 곳에서. 한때 팡틴이 느꼈던 것과 같은 그런 기분을 느껴 보지 않은 사람이 누가 있으랴? 어느 정도 살아온 연륜이 있는 사람이라면, 그리고 정직하게 살아온 사람이라면, 팡틴의 노래를 들으며, 팡틴이 무대 중간에서 고뇌의 늪에 빠지는 것을 보며 마음으로 울 수밖에 없다. 한때 자신의 인생의 달라진 모습을 꿈꿔 보지 않은 자가 누가 있으랴? 어느 날 깨어 보니 여태 살아온 지옥 같던 삶과는 전혀 달라져 있는 모습을.

장발장은 죽어 가는 팡틴에게 약속한다. 팡틴의 딸 코제트를 찾아 자기 딸처럼 키우겠노라고. 장발장의 보살핌 아래 코제트는 아름다운 숙녀로 자란다. 코제트는 마리우스라는 청년을 만나 사랑에 빠져 약혼한다. 그러나 프랑스에 혁명이 터지고 마리우스는 혁명의 대열에 가담한다. 마리우스를 구해 달라는 장발장의 기도는 다시 눈물을 흘리게 했다.

높으신 하나님,
제 기도를 들어주소서.
제가 어려울 때 주님은
언제나 제 곁에 계셨습니다….

마리우스는 젊습니다.
아직 어립니다.
주님은 취하실 수도 있고
주실 수도 있는 분입니다.
그를 지켜 주소서.
살려 주소서….
집으로 돌아가게 하소서.[4]

하나님은 과연 마리우스를 집으로 돌아가게 하시고, 두 젊은 연인은 결혼한다. 그러나 세월은 장발장을 데려간다. 장발장은 하늘의 집으로 돌아가고 있는 자신의 모습을 본다. 죽음을 맞는 이 마지막 장면에서 장발장은 노래한다.

내 손을 잡아
구원으로 이끌어 주오.
내 사랑을 받아 주오.
사랑은 영원한 것이라오.
그리고 잊지 마오.
전부터 들었던 진리를.

다른 사람을 사랑하면
하나님의 얼굴을 뵙는다는 것을.[5]

피날레에서 배우 모두가 무대에 나와 이 땅의 모든 싸움이 끝나는 날을 노래한다.

사람들은 다시 자유로이 살리라.
주님의 동산에서.
그들은 쟁기로 밭을 갈리라.
검을 치우리라.
사슬이 끊기리라.
모든 사람이 상급을 얻으리라.[6]

그리고 가히 복음을 전하는 열정으로 배우들은 관객을 향해 호소했다.

그대도 우리의 성전(聖戰)에 함께 나서지 않으려오?
담대하게 내 편에 설 자 누구리오?
바리케이드 저편 어딘가
그대가 간절히 보고 싶어하는 세상이 있지 않소?[7]

관객들의 열렬한 기립 박수는 흡사 합심 기도와 같았다. "오, 하나님, 만일 이 세상의 바리케이드 저편에 다른 세상이 있다면, 구하옵나니 우리에게 그 세상을 조금이나마 보게 하소서. 우리 손을 잡아 거기로 인도하소서. 하나님, 우리 손을 잡아 구원으로 이끌어 주소서."

내가 너무 낭만적인가?

그렇지 않다고 생각한다. 우리 모두에게는 은혜의 순간에 눈물로 솟아나는 희망의 분수가 있다고 생각한다. 이 세상 저편에 또 다른 세상이 있다는 희망. 그 곳은 하나님이 통치하시는 세상이라는 희망. 그분은 어느 날 우리의 손을 잡고 우리를 그 곳으로 이끌어 주실 사랑의 하나님이시라는 희망.

무대 장치, 노래, 줄거리. 모든 것이 내 영혼을 흔들어 놓고 있었다. 그날 밤 그 극장에서 나는 바리케이드 저편의 세상을 조금 보았다. 그날 밤에는 왠지 천국이 한층 실감날 뿐 아니라 훨씬 놀라운 곳으로 여겨졌다.

극장에 갔던 그날 밤, 나는 다른 모습이 되어 나왔다. 세 시간 동안 나의 내면에서 뭔가가 변화된 것이다. 회심 같은 것이었다.

종종 우리는, 회심이란 하나님의 주도권과 인간의 반응이 만나는 수태(受胎)의 순간에 일어나는 것임을 강조한다. 그러나 그것은 새로운 피조물의 시작일 뿐이다. 그 새 생명의 모든 세포는 날마다 새로워지며 날마다 자란다. 그 수태된 인간은 매순간 자라고 변화하고 고민하며 장성한 생명으로 커 가는 것이다.

조지 맥도널드(George MacDonald)의 말도 바로 그런 뜻이 아닌가 생각된다.

"세상의 구속(救贖)이 소수의 몇 사람으로부터 시작되는 것처럼, 영혼의 구속도 작은 생각과 행위와 방식에서부터 시작되는 것이다. 이 구속의 새 피조물을 완성하는 데는 오랜 시간이 걸린다."[8]

순간을 묵상하기

빅토르 위고가 쓴 이야기는 얼마나 놀라운 것인가. 그 이야기에 다시 생명을 담아 준 앤드류 로이드 웨버의 작업은 얼마나 고마운 것인가. 이 연극은 장발장처럼 은혜로 사는 삶이 경찰관 자베르처럼 율법으로 사는 삶보다 얼마나 더 아름다운 삶의 방식인지 내게 보여 주었다.

그렇다면 장발장의 삶은 어떻게 생겨난 것일까? 무엇이 그를 그런 사람으로 만든 것일까?

이야기는 장발장이 오랜 감옥 생활에서 풀려나는 것으로 시작된다. 죄목은? 프랑스 혁명 전 오랜 기근 중에 빵 한 덩이를 훔친 것이다. 풀려난 장발장은 이 마을 저 마을 돌아다닌다. 가는 곳마다 외면당한다. 뜨내기가 마을 길거리에 어정거리는 것을 원할 사람이 누가 있으랴. 전과자가 쓰레기통이나 뒤지면서 자기 동네를 기웃거리며 돌아다니는 것을 원할 사람이 누가 있으랴.

찾아가는 집마다 면전에서 문이 닫힌다. 그러다 어느 마을에서 드디어 문을 열어 주는 집을 만난다. 교회 문이었다. 그 곳 주교는 그를 안으로 들여 하룻밤 묵게 한다. 식탁에서 음식을 대접하고 지친 영혼을 쉬게 한다. 장발장은 식탁에서 고급 은수저에 몰래 흑심을 품는다. 모두가 잠자리에 들면 그것을 슬쩍 들고 나가서 거리에 내다 팔아 그 돈을 새 출발을 위해 쓰겠다는 생각이다.

잠시 후 한밤중에 그 생각은 과연 현실이 된다. 그러나 길거리로 나선 이 수상쩍은 이방인은 두 경찰관의 눈에 띈다. 그들은 장발장을 제지한 뒤 수색하여 훔친 물건을 찾아낸다. 그리고는 그를 주교에게 데려간다.

장발장의 인생을 바꾸어 그를 다른 사람이 되게 한 것은 주교의 반응이었다.

주교는 경찰관들에게 자기가 은수저를 장발장에게 주었다고 말한다. 선물로. 그리고 장발장에게는 다시 돌아와 정말 다행이라고 말한다. 모든 은제품 중 가장 값나가는 촛대를 두고 갔다는 것이었다.

그 사랑의 행위 하나가 그를 바꿔 놓는다. 처음에는 작은 변화지만 날마다 계속된다. 그리하여 그의 남은 인생은 고스란히 자기보다 불운한 사람들에게 사랑을 베푸는 삶이 된다.

도둑에게 베푼 그 하나의 사랑의 행위와 그것이 그의 삶을 영원히 달라지게 한 것을 생각하면 이런 생각을 떨칠 수 없다. '옷만 다른 것을 입었을 뿐, 이것이 복음이다.' 위고가 책으로 말했고 웨버가 연극으로 말했던 것을 바울은 편지로 말했다.

> 우리도 전에는 어리석은 자요 순종치 아니한 자요 속은 자요 각색 정욕과 행락에 종 노릇 한 자요 악독과 투기로 지낸 자요 가증스러운 자요 피차 미워한 자이었으나 우리 구주 하나님의 자비와 사람 사랑하심을 나타내실 때에 우리를 구원하시되 우리의 행한 바 의로운 행위로 말미암지 아니하고 오직 그의 긍휼하심을 좇아…(딛 3:3-5).

주교가 도둑에게 베푼 자비를 묵상하는 중 또 다른 도둑이 마음에 떠올랐다. 그를 생각하며 며칠을 보냈다. 한 편의 연극을 보듯 그때 묵상한 생각은 이런 것이다.

다른 시대, 다른 도둑. 그러나 이번에는 율법이 이긴다. 범죄가 입증된다. 평결문이 건네진다. 형이 언도된다. 집행은 금요일로 정해진다. 항소도 없고 지연도 없다. 정의는 신속, 정확하다. 십자가 사형.

여기서 나는 마음속에 그 장면을 재현해 본다. 마치 내가 군중 속에 들어가 전개되는 모든 일을 지켜보고 있는 듯. 시각. 음향. 냄새. 모든 것을 흡입하려 한다. 내게 있어서 글을 쓴다는 것은 묵상의 한 방편이다. 나의 모든 통찰은 대개 글을 쓰기 전이 아니라 글을 쓰는 '도중에' 얻은 것이다. 이번에도 그런 희망과 기대감으로 글을 써 내려간다.

금요일이 된다. 세 명의 죄수가 예루살렘의 좁은 골목길을 줄지어 지난다. 발부리를 자꾸만 잡아채던 자갈길은 성벽을 벗어나면서 먼지 푸석푸석한 언덕길로 이어진다. 이 광경은 성 안으로 들어서는 외부인들에게 하나의 커다란 광고판이 되어 '법을 어기면 너희도 이 꼴이 된다'는 메시지를 보낸다.

첫 죄수를 몸싸움하다시피 끌어다가 껄끄러운 정의의 형틀에 올려놓는 데 병정 여섯이 소요된다. 발길질에 욕까지, 죄수는 형틀 위에서 몸부림을 친다. 그러나 얼굴과 갈빗대에 발길질을 한 번씩 당하자 반항이 가라앉는다.

쇠못을 때리는 망치 소리. 그 못이 그의 양손을 뚫는다. 발을 뚫는다. 병정들이 마치 돛대의 줄을 감아 올리듯 울뚝불뚝한 팔로 십자형틀에 매달린 밧줄을 끌어올린다. 한 번 끌어올릴 때마다 대못에 뼈가 쓸리고, 톱니처럼 깔쭉깔쭉한 옛 형틀의 고통이 살을 엔다. 형틀의 기둥이 구멍에 쿵 떨어지자 다시 한 번 더 심한 고통이 온몸을 타고 흐른다.

병정들이 다음 죄수를 바닥에 눕히는 사이 군중들은 더 잘 보려고 서로 밀쳐댄다. 대못과 비명. 기둥 떨어지는 소리와 더 큰 비명.

둘은 끝나고 이제 하나 남았다. 이번에는 유대인. 선지자 부류의 사람이다. 로마 제국의 입장에서 볼 때 그는 재판조차 귀찮은 존재에 지나지 않았다. 그러나 기성 종교의 입장에서 볼 때는 그 이상이었다. 그가 고소당한 것은 자기 의(義)에 빠진 나라의 양심에 정확히 죄의 낙인을 찍었기 때문이다. 그를 만난 바리새인과 서기관들은 이마에 화인(火印)처럼 새기고 떠나야 하는 글자가 있었다. '위선자.' 어쩌면 처음으로 만인이 그들의 참모습을 보게 된 것이다.

이 못 말리는 말썽꾼에게 뭔가 조처가 필요했다. 그리하여 드디어 뭔가가 왔다.

쇠망치 소리에 그의 판결이 다시 울린다. 예수는 나무 위에 드러누워 대못의 심판에 팔목을 내맡긴다. 피고는 침묵한다. 항변도 없다. 위협도 없다. 욕도 없다. 십자가가 들어 올려져 제자리에 고정된다. 내내 그는 갈비뼈로 신음을 싸안는다. 양손으로 계란을 싸안는 것처럼.

병정들이 물러선다. 이 유대인 소유의 솔기 없는 옷 주변에 모여든 몇 사람만 빼고. 개들이 뼈 하나를 두고 서로 이를 드러내듯, 병정들은 이 옷을 누가 가질까 입씨름을 벌인다. 결국 옷을 찢어 나누기보다는 재수 좋은 사람이 갖기로 뜻을 모은다. 이기는 사람이 몽땅 취하는 것이다.

그러나 그들이 취하는 것은 예수가 주는 다른 덮개에 비하면 넝마일 뿐이다.

"아버지여… 저희를 사하여 주옵소서… 자기의 하는 것을 알지 못함이니이다."

병정들은 동작을 멈추고 올려다본다. 그러나 잠깐일 뿐이다.

다른 병정이 침묵을 깨뜨릴 때까지일 뿐이다.

"이봐, 어서 제비를 뽑으라구." 그렇게 그들은 다시 게임으로 돌아간다.

산정(山頂)의 처형식을 휘감는 분위기는 마치 괴기한 서커스 같다. 인간의 마음 가운데 가장 추악한 것이 난무하는 자리. 군중들은 마치 게걸스런 사냥개 무리처럼 세 개의 나무에 매달린 육체를 에워싸고 있다. 그리고는 하나씩 하나씩 찌른다. 도둑들은 저주 섞인 욕으로 되받는다.

그러나 가운데의 유대인은 말이 없다. 그럴수록 군중은 더욱더 머리에 핏발이 오른다. 입을 비쭉거린다. 야유를 내뱉는다.

"성전을 헐고 사흘에 짓는 자여… 자기를 구원하고… 내려오라!"

다른 사람이 비웃는다. "네가 하나님의 아들이거든 십자가에서 내려오라."

예수는 살점을 찢어 놓는 대못을 견뎌내듯 조롱을 견뎌낸다. 말없이.

종교 지도자 몇이 그의 발을 꼬집는다. "저가 남은 구원하였으되 자기는 구원할 수 없도다."

"저가 이스라엘의 왕이로다. 지금 십자가에서 내려올지어다. 그러면 우리가 믿겠노라."

"저가 하나님을 신뢰하니 하나님이 저를 기뻐하시면 이제 구원하실지라. 제 말이 '나는 하나님의 아들이라' 하였도다."

군중의 입이 다른 먹이를 찾은 데 안도하며 두 도둑도 가담한다. "네가 그리스도가 아니냐? 너와 우리를 구원하라."

그러나 서서히 한 도둑의 마음에 뉘우침이 일기 시작한다. 마침내 뭔가가 그의 마음을 녹인다. 그 까닭을 누가 알 수 있으랴. 서서히 몸에 진이 빠지게 하는 손과 발의 못 때문이었는지도 모른다. 아니면 열(熱)? 아니면 피치 못할 종말을 저항하고 있는 그 부질없음 때문에?

아니면 다른 어떤 것이었을까?

그는 도둑이요 반역자였다. 그러나 죄는 그것보다 훨씬 많았다. 그는 그것을 알았다. 그리고 자기가 마땅히 받을 것을 받는 것도 알았다. 다른 도둑도 마땅히 받을 것을 받고 있다. 하지만 예수는? 그가 무엇을 훔쳤단 말인가? 누구를 죽였단 말인가? 이런 일을 당할 만한 무슨 죄를 저질렀단 말인가?

"아버지여, 저희를 사하여 주옵소서…."

이것이 죄수의 말인가? 반역자의 말인가? 신성을 모독한 자의 말인가?

그렇지 않다면 도대체 누구의 말인가?

도둑의 눈이 죄패를 향한다. '이는 유대인의 왕 예수.'

이 사람이? 왕? 여기 이렇게 속수무책 무력하게 매달려 있는 그가? 하지만 이 사람에게는 뭔가가 있다. 그 눈에, 그 말에, 모든 것을 받아들이는 그 자세에 뭔가가 있다. 모든 욕을, 모든 조롱을, 모든 고통을 받아들이는. 그렇다면 정말일까? 저 머리 위에 써 있는 말이? 이 세상 저편에 다른 세상이 있는 걸까? 어떤 나라 같은 것이?

그렇다면 이 사람이 그 나라의 왕일까?

그는 운명에 맡기고 그렇다고 생각하기로 한다. 그리고는 죽음의 목전에서 빈손을 내밀어 애원한다.

"당신의 나라에 임하실 때에 나를 생각하소서."

하지만 무엇 때문에 생각해 달라는 것인가? 도둑으로? 심보 고약하고 입버릇 사나운 도둑으로? 도대체 예수님이 그를 무엇 때문에 기억해야 한단 말인가? 착한 것이 있어서? 동정심이 있어서? 사회에 공헌한 것이 있어서?

"나를 생각하소서." 그는 애원한다. 자기의 어떠함을 인해서가 아니라 예수님의 어떠하심을 인해서. 원수들에게도 용서를 베푸실 수 있는 예수님이라면 혹시 그에게도 뭔가 베푸실 수 있지 않을까?

예수님은 머리를 드신다. 머리칼이 머리 가죽에 험상궂게 붙어 있다. 기운을 잃고 핏기 없이 마비된 손. 생명이 서서히 빠져나가고 있다. 머리의 상처와 손발에 뚫린 구멍으로. 갈가리 찢긴 등으로. 눈은 로마 병정의 주먹에 연신 얻어맞아 잔뜩 부어 있다. 도둑 쪽을 향해 들려진 한 팔이 마치 그의 손을 잡으려고 내미신 손 같다. 그렇게 그분이 말씀하신다.

"오늘 네가 나와 함께 낙원에 있으리라."

그분의 입에서 흘러나온 이 용서의 말 한마디 한마디가 죽어

가는 영혼의 타들어 가는 입술에 어떻게 느껴졌겠는지 생각해 보라.

'오늘,' 다른 날이 아니라 바로 오늘.

'네가' 나와 함께 있을 것이다. 너, 도둑이. 너, 죄인이. 정죄 당한 자. 버림받은 자.

네가 나와 함께 '있을' 것이다. 내가 말한다. 최후의 말은 로마법이 아니라 나에게 있다. 내가 말하노니 이 나무 십자가 바리케이드 저편에 너의 미래가 있을 것이다.

그리고 그 미래는 나와 함께 있을 것이다. 나, 왕과 함께. 만왕의 왕, 만주의 주. 하나님의 오른편에 보좌가 있는.

그리고 나와 함께 있되… 십자가 위도 아니고… 무덤 속도 아니고… 몸 떠난 혼이 떠도는 어두운 구천 따위도 아니다. 너는 나와 함께 '낙원'에 있을 것이다. 하나님의 동산에. 죄도 없고 죽음도 없는 곳에. 눈물 없는 곳에. 금이 도로 포장에 사용될 정도로 흔하고 보석이 건물 재료로 쓰일 정도로 널려 있어 더 이상 도둑질할 이유가 없는 곳에. 생수의 강, 생명나무, 하늘의 부, 이것들이 네 것이다. 전부 다 네 것이다.

아무리 온갖 상상력을 다 동원한다 해도, 방금 일어난 일이 무슨 일인지 우리가 감히 이해의 근처에라도 갈 수 있을까? 손에서 손으로 건네진 이 엄청난 선물을 볼 수 있을까? 어머어마한 선물과 그 선물이 건네진 지극히 낮고 천한 자리를 다 볼 수 있을까?

이 위엄을 보라.
이 겸손을 보라.
밑바닥까지 내려오셔서
미천한 도둑에게
촛대를 건네시는
하나님의 사랑을 보라.

순간에 반응하기

연극을 이 성경 말씀에 비추어 묵상한 후 나는 우리 모두 안에 장발장과 십자가 위의 도둑의 모습이 들어 있음을 깨달았다. 내 생각의 집중과 묵상의 개인화에 성령께서 사용하신 것은 바로 도둑이라는 단어였다. 묵상한 내용은 이렇다.

우리도 도둑이다. 당신도, 나도. 짧은 시간 인생의 마을을 지나오며 우리는 많은 것을 훔쳤다. 아무도 안 볼 때 작은 것을 주머니에 집어 넣는 데서부터 시작되었을 것이다. 사탕 하나. 조그만 장난감. 얼마 후에는 남이 해놓은 숙제에서 해답을 훔쳤고, 다시 얼마 후에는 다른 사람의 신체로부터 쾌락을 훔쳤다. 물이나 빵을 훔쳐다 몰래 먹던 그 짜릿함.

쾌감, 욕구. 그것이 한덩어리로 어울려 엄연한 도둑질이 되지 않던가?

그러나 우리가 가담한 도둑질이 또 있다. 솔직히 말한다면,

정말 솔직히 말한다면, 우리의 기록에는 그보다 훨씬 많은 것이 있지 않은가?

분노로 언성을 높였을 때, 우리는 평화를 한 조각 훔친 것이다. 거짓말을 했을 때, 우리는 진리를 한 조각 훔친 것이다. 진실을 말하되 사랑으로 하지 않았을 때, 우리는 누군가를 하나님 나라의 국경 밖으로 좀더 밀어냄으로써 그 나라를 한 조각 훔친 것이다.

마땅히 다른 사람에게 돌아가야 할 칭찬을 거둔 채 침묵했을 때, 우리는 땀 흘리고 희생하며 일한 사람에게 임금을 주지 않은 것 못지않게 분명히 도둑질을 한 것이다.

분란을 일으켰을 때, 우리는 가정이나 교회나 사무실이나 기관의 연합을 한 조각 훔친 것이다. 강요했을 때, 우리는 다른 사람의 자유를 한 조각 훔친 것이다. 비아냥거렸을 때, 우리는 다른 사람의 존엄성을 한 조각 훔친 것이다.

우리는 한 손으로는 정부에 세금의 동전을 바치면서 다른 손으로는 존중과 복종과 감사의 동전을 거두어 왔는지 모른다. 대통령을 비난할 때, 우리는 그 사람에게서뿐 아니라 그 직분의 존엄성에서도 뭔가를 훔치는 것이다. 그 결과, 우리 모두가 왠지 조금 더 초라해지고, 농담을 하기 전보다 조금 더 천박해지고, 입을 열기 전보다 조금 더 작아진다.

왠지 하나님의 형상마저 상실을 겪는다. 망치로 "피에타" 상을 내리쳐 대리석 명품을 일부 훼손시킨 그 정신나간 사람처럼.

망치를 든 그 사람은 뭔가를 훔쳤다. 동상만 훔친 것이 아니다. 바티칸만 훔친 것이 아니다. 그는 제작자인 미켈란젤로의 재산을 훔쳤다. 그리고 그것을 통해 우리 모두의 재산을 훔쳤다.

뒤에서 남을 욕하는 것은 강도가 피해자의 등에 칼을 꽂는 것과 다를 바 없다. 그래서 예수님은 산상수훈에서 살인과 분노가 한 패라고 말씀하셨는지 모른다. 또한 그분은 다른 사람을 미련한 놈이라 하는 것은 곧 하나님의 형상 자체에 칼을 찌르는 것이요 가장 무서운 심판을 자초하는 위험한 일이라 하셨다.

대통령을 예우하지 않았든 배우자를 이해하지 않았든 이웃을 사랑하지 않았든, 그것은 다 도둑질이다. 그렇지 않은가? 정말 그렇지 않은가?

분노, 거짓말, 정욕, 험담. 우리 모두 전과가 있는 일이다. 당신도. 나도. 우리 모두. 한 번쯤 이런 일을 하거나 생각해 보지 않은 사람이 우리 중 누가 있는가? 도둑은 도둑이다. 총으로 술 파는 가게를 털든 컴퓨터로 회사를 털든 헛소문으로 남의 명예을 털든.

하지만 이 정도야 하찮은 가게 좀도둑 아닌가? 아주 시시한 도둑질. 거기다 남들도 다 하는 일이다.

그러나 우리에게 시시해 보이는 것이 하나님에게는 커 보일 수 있다. 특히 절도에 혀가 사용됐다면 그것은 치명적 무기를 앞세워 훔친 것이다. 우리 모두 유죄이다. 잡히지 않았을 뿐이다. 우리 모두 유죄이다. 아무도 우리를 혐의자로 지명하지 않앉을 뿐이다. 우리 모두 유죄이다. 선고를 받지 않았을 뿐이다.

그러나 우리의 죄가 변호의 여지가 없는 것임에도 불구하고 하나님의 은혜는 우리의 죄보다 크다. 그분의 인자가 우리의 불순종보다 크다. 그분의 자유가 우리의 속박보다 크다. 그분의 자비가 우리의 악의와 시기보다 크다. 그분의 사랑이 우리의 미움보다 크다. 이 모든 것이 이 한마디 말에 녹아 있다.

"오늘 네가 나와 함께 낙원에 있으리라."

자세히 보라.

이것은 조건 없는 약속이다. 예외 없는, 유보 없는 약속이다. "오늘 네가 나와 함께 낙원에 있으리라." 이것은 '믿음이 좋다면'이 아니다. '순종을 잘하면'이 아니다. '기준에 도달하고 시험을 통과하고 점수가 좋으면'이 아니다.

그리고 이것은 제의가 아니다. 선포이다. 칙령이다. 왕의 칙령. 왕의 피로 직접 서명한, 왕의 죽음으로 직접 인봉한. 은수저를 훔치다 현장에서 잡힌 적이 한 번이라도 있는 우리 모두에게, 이 말은 촛대이다.

왕의 촛대.

그것이 우리 것이다.

영원히.

이 엄청난 선물에 우리의 반응은 어떠해야 할까?

물론 받는 것이다. 하지만 어떻게?

십자가에 달린 자의 겸손으로.

우리야말로 마땅히 우리 자신의 죄로 거기 매달려 있음을 알기에.

우리에게 주시는 선물이 단순히 희망 정도가 아니라 우리의 '유일한' 희망임을 알기에.

그런 감사로 선물을 받을 때, 그것은 우리가 살아가는 삶의 방식을 영원히 바꿔 놓는다. 우리에게 베푸신 똑같은 사랑을 다른 사람들에게 베푸는 삶으로.

7 묵상하는 삶의 열매

오직 성령의 열매는 사랑과 희락과 화평과 오래 참음과 자비와 양선과 충성과 온유와 절제니.

갈라디아서 5:22-23.

우리 마음에 심긴 씨앗이 진정 하늘에서 온 씨앗이며 성령에 의해 발아되었다면 언젠가 열매 볼 것을 기대해도 좋다. 그 열매의 모양은 사랑을, 그 냄새는 희락을, 그 감촉은 화평을, 그 맛은 인내를 빼닮은 것이라야 한다.

묵상하는 삶의 열매는 변화된 삶이라야 한다. 변화는 우리의 존재뿐 아니라 삶의 방식에까지 영향을 미쳐야 한다. 영혼에서 스케줄로 가지를 뻗으며.

열매 맺는 스케줄은 반드시 분주한 것이어야 할 필요는 없다. "사람들을 사랑하려면 만사, 만인이 다 내가 사랑할 몫인 양 정신없이 바쁘게 살아야 하는가?" 토마스 켈리가 「헌신의 약속」이란 책에서 묻는 말이다. 이어 그는 말한다. "아니다. 그것은 하나님께서 하실 일이다. 우리 안에서 일하시는 하나님께서는 당신의 무수한 사랑의 대상을 한 묶음씩 분배해 우리 각인의 몫으로 나누어 주신다.

그분은 절대로 우리를 정신없이 헐떡거려야 하는 감당 못할 일더미 속으로 인도하시지 않는다. 세상에서 일하시는 분은 결국 하나님이시다. 그렇다면 그분의 인내가 곧 우리의 인내가 되어야 한다. 우리 혼자 일하는 것이 아니다. 미친 듯 끝마쳐 하나님께 바치는 것이 아니다.

하나님이 주시는 삶은 서두르지 않는 평안과 능력의 삶이다. 단순한 삶이다. 침착한 삶이다… 미친 듯 서두를 필요가 없다. 그분이 키를 잡고 조종하고 계신다. 그러므로 작은 하루가 끝날 때마다 우리는 편안히 자리에 누울 수 있다. 모든 것이 잘되고 있기에."[1)

우리 아버지의 마음

토마스 켈리가 글로 쓴 것을 시편 131편은 그림으로 보여 준다.

여호와여 내 마음이 교만치 아니하고 내 눈이 높지 아니하오며 내가 큰일과 미치지 못할 기이한 일을 힘쓰지 아니하나이다 실로 내가 내 심령으로 고요하고 평온케 하기를 젖 뗀 아이가 그 어미 품에 있음 같게 하였나니 내 중심이 젖 뗀 아이와 같도다(1-2절).

이 그림은 내 애틋한 추억 하나를 떠오르게 한다.

내가 어렸을 때 아버지는 퇴근하시면 으레 소파에 다리를 꼬고 앉으신 후 신문을 읽곤 하셨다. '진짜' 읽는 것이다. 처음부터 끝까지. 일면도, 스포츠면도, 경제면도, 심지어 항목별 광고면까지. 아버지가 앞에 신문을 펼쳐 들고 계시는 동안 나는 아버지가 꼬고 앉으신 다리 밑 공간을 기어서 왔다갔다하곤 했다.

다리를 더 바짝 꼬아 공간이 좁아지면 아버지 발 위에 앉아 다리를 붙잡고 말 타기 놀이를 했다. 그래도 아직 신문을 다 읽지 않으셨으면 이번에는 옆으로 기어올라가 아버지 가슴에 머리를 기대고 앉았다. 어떤 때는 신문의 글자나 그림을 쳐다보기도 하고, 어떤 때는 그냥 눈감고 쉬기도 했다. 자주 거기 그렇게 앉아 아버지의 넓은 가슴에 귀를 대고 아버지의 심장 박동 소리를 듣던 일이 기억난다. 그렇게 쉬면서 나는 호흡조차 아버지를 따라 하려 했다. 아버지가 들이쉴 때 나도 들이쉬고 아버지가 내쉴 때 나도 내쉬는 것이다. 가슴이 작은 어린아이로서 쉬운 일이 아니었다. 그래도 나는 끝까지 따라 하려 했다. 뭐라고 이유를 설명할 수는 없지만, 그렇게 따라 하면 기분이 정말 좋았다.

버드(Byrd) 장군의 일기에 비슷한 느낌이 기록되어 있다. 1934년 겨울, 남극을 탐험할 때였다. 4월 14일. "동작을 멈추고 침묵에 귀기울였다…. 낮이 스러지고 밤이 태어나고 있었다. 놀라운 평화와 함께. 헤아릴 수 없는 우주의 흐름과 힘이 있었다. 소리 없는 조화 속에. 조화, 바로 그것이었다! 침묵에서 나온 것은 바로 조화였다. 부드러운 리듬, 완벽한 현(絃)의 긴장, 천체의 음악이라 할까. 그 리듬을 따라잡는 것만으로 족했다. 순간순간 나 자신 그 리듬의 일부가 되면서. 그 순간 인간과 우주의 합일을 절실히 느낄 수 있었다."[2]

아버지의 가슴에 머리를 기대고 앉아서 아버지의 호흡에 리듬을 맞춰 숨쉬던 내 기분이 바로 그런 것이었다. 아버지와 하나가 된 느낌.

시원한 저녁나절 아버지와 함께 가로등이 켜진 동네 거리를 걸을 때도 매번 똑같이 하나 된 느낌을 느꼈다. 그때도 나는 아버지의 걸음 폭을 그대로 흉내내려 했다. 간신히 보폭을 따라잡아 아버지의 발자국을 그대로 밟으며 걸으면 그렇게 기분이 좋을 수 없었다. 이유는 잘 모른다. 시간을 보내려는 어린아이 장난 같은 것이었는지도 모른다. 보도 블록 숫자를 세는 것처럼. 하지만 뭔가 그 이상의 것이 있었을 것이다.

헨리 데이비드 소로는 이런 글을 남겼다. "동료들과 보조를 맞추어 걷지 않는 사람이 있다면 그것은 아마도 듣고 있는 북소리가 다르기 때문일 것이다. 박자가 어떻든, 아무리 멀리서 들리든, 사람은 누구나 자기한테 들리는 음악에 걸음을 맞춰야 한다."[3]

음악과 리듬을 맞추면 왠지 모자란 부분이 채워진 듯 기분이 좋고, 나보다 큰 뭔가와 이어진 듯한 느낌이 든다. 어린 내가 아버지 발자국을 따라가며 느낀 기분도 바로 그랬을 것이다.

무엇을 하든 우리는 리듬에 맞춰 한다. 음악적으로 하는 것이다. 걸을 때도 보조라는 것이 있다. 춤추는 동작에도 음악이 있다. 공을 던질 때도 리듬이 있다. 먼저 몸을 뒤로 젖힌 다음 공을 던지고 나면 몸이 앞으로 기우는 식이다. 야구 선수가 공을 던지든 발레리나가 춤을 추든 관리인이 청소를 하든, 그 무엇이든 제대로 하는 사람은 일정한 리듬에 맞춰서 한다.

그렇지 않으면 불협화음의 정도가 높아지고 그와 더불어 실패할 확률도 높아진다. 발레리나가 아무리 우아하게 공중으로 날아올라도 내려오는 타이밍을 맞추지 못하면 바닥에 얼굴을 처박을 수 있다. 농부도 마찬가지다. 아무리 파종기를 잘 맞추어도 수확할 때를 놓치면 소용없다. 밭에 늦게 나가면 작물을 버리고 만다. 우리도 하나님이 정하신 순리대로 우주와 조화를 이루며 살기 원한다면 이런 우주의 리듬에 반응하며 살아야 한다.

그러나 우주에 작용하는 리듬은 그것 말고 또 있다.

가장 강력한 리듬인 사랑의 리듬이 하나님의 심장에서 흘러나오고 있다. 그분의 사랑이 우리 안에 울려 퍼지지 않는 한 무슨 일을 하든 소리나는 구리와 울리는 꽹과리 신세가 될 것이다. 그러므로 나는, 인간 마음의 과제란 그 음악을 듣고 그 리듬에 맞추는 것이라고 생각한다.

노먼 매클린(Norman Maclean)은 자전적 소설 *A River Runs Through It*(흐르는 강물처럼)에서 스코틀랜드인이요, 장로교 목사인 그의 아버지에 대해서 말하였는데, 그의 아버지는 인간이란 최초의 은혜의 상태에서 타락한 본성상 죄인으로서, "하나님의 리듬을 찾음으로써만 힘과 아름다움을 되찾을 수 있다"[4]고 믿었다.

다윗 왕의 삶은 밧세바와 간음하고 그녀의 남편을 살해하면서부터 완전 엉망이 되었다. 한때 음악을 지어 사울의 괴로운 영혼을 안위하던 다윗이 불협화음의 삶에 빠진 것이다. "하나님이여, 내 속에 정한 마음을 창조하시고 내 안에 정직한 영을 새롭게 하소서." 이는 하나님의 리듬에 맞는 삶으로 다시 돌아가려는 부르짖음이었다.

우리 아버지의 뜻

예수님은 그 음악을 듣고 그 리듬에 맞추어 사셨다. 생의 시작부터 죽음까지, 그분은 언제나 아버지와 보조를 맞추어 걸으셨다. 한걸음 한걸음 같은 보폭으로. 복음서의 예수님을 따라가 보면 그 보폭을 느낄 수 있다. 예를 들어 요한복음 몇 장만 그분을 좇아가 보라. 4장의 사마리아 여자 이야기를 보면, 예수님은 수가 성 변두리의 한 우물에서 여자를 만나셨고 그 여자로 인하여 많은 동네 사람들이 신자가 되었다. 다음 장에서 예수님은 베데스다라는 못에 가셨다. 윗부분에 장식이 달린 다섯 개의 기둥이 있고, 그 주위로 온갖 부류의 병자들이 모여 있는 아주 널따란 곳이었다. 그러나 예수님은 모든 사람을 고쳐 주신 것이 아니라 38년 동안 병을 앓던 사람 딱 한 명만 고쳐 주셨다.

4장에서는 예수님으로 인해 많은 무리의 삶이 변화되었다. 다음 장에서는 한 명뿐이다. 이유는? 사마리아에서는 아버지께서 아주 큰일을 하고 계셨기 때문이다. 베데스다에서는 아버지께서 아주 작은 일을 하고 계셨기 때문이다. 예수님의 성공관은 숫자, 업적, 인간의 기준 도달 따위와 아무 상관이 없다. 그분의 성공관은 단순히 아버지의 뜻을 행하는 것이었다. "내가 진실로 진실로 너희에게 이르노니 아들이 아버지의 하시는 일을 보지 않고는 아무것도 스스로 할 수 없나니 아버지께서 행하시는 그 것을 아들도 그와 같이 행하느니라"(요 5:19).

다시 말하면, 예수님이 들으신 북소리는 달랐다는 것이다. 박자가 어떻든, 아무리 멀리서 들리든, 그분은 당신께 들려 오는 음악에 걸음을 맞추셨다. 그것은 남의 성공행 발자국을 따라서는 살 수 없는 삶이다. 아버지의 발자국을 따를 때에만 가능한 삶이다.

예수님이 베데스다 못에서 불구자를 고치신 사건은 논란을 불러일으켰다. 그날은 안식일이었기 때문이다. 유대인들은 그 치유가 노동의 요건에 해당되며 따라서 자신들의 종교법을 어긴 것이라 보았다. 이렇게 비난하는 자들을 향한 예수님의 반응은? "내 아버지께서 이제까지 일하시니 나도 일한다"(요 5:17). 예수님의 삶의 발걸음은 아버지의 발걸음과 보조를 맞추었다.

자연히 동료들의 걸음과는 맞지 않았다.

우리에게 요구하시는 것도 절대 그 이하가 아니다. 오 리를 가게 하는 자와 십 리를 동행하라는 말씀은 곧 세상의 보조를 벗어나 멀리 하늘에서 들려 오는 북소리에 걸음을 맞추라는 뜻이다. 오른쪽 뺨을 치는 자에게 왼쪽 뺨도 돌려 대고, 송사를 당했을 때 겉옷까지 주라는 말씀은 이 땅에서의 우리의 삶을 아버지의 심장에서 고동쳐 나오는 영원한 리듬에 맞추어 살게 하시고자 함이다.

예수님이 시종일관 분명히 들으셨던 음악이 간혹 우리에게도 조금씩 들려 올 때가 있다. 어떻게? 성령님이 마치 잘 조율된 악기의 현(絃)처럼 우리 안에 거하시기 때문이다. 그 악기에서 음악이 울려 나온다. 가사와 곡이 같이 흘러 나올 때도 있다. 때로는 곡만 들릴 때도 있지만, 우리 안의 성령님은 그것을 감지하신다. 그리고 말의 힘을 뛰어넘는 확신을 심어 주신다.

우리 아버지의 부르심

C. S. 루이스는 이 음악의 찰나적 특성을 이렇게 포착했다. "한때 우리의 영혼을 깊이 소유한 모든 것들도 그것에 비하면 기껏해야 힌트—감질나는 눈요기, 제대로 지켜진 적이 없는 약속, 귀에 잡히는가 싶게 사라져 버린 메아리—에 지나지 않는다. 그러나 정말 제대로 오기만 하면—사라지지 않고 커져 마침내 소리 자체가 되는 메아리가 언제고 오기만 하면—누구나 대번 알아볼 수 있다. 그때는 전혀 의심 없이 고백하게 된다. '나는 바로 이것을 위해 지음받은 존재이다.'"[5]

젖뗀 아이가 그 어미 품에 있음같이 안연한 마음으로 살아갈 때, 우리는 아버지와의 연합은 물론 우리 삶에 대한 그분의 뜻까지 확실히 느낄 수 있다.

알베르트 슈바이처는 자신의 삶에 대한 하나님의 뜻을 확실히 느꼈다. 그러나 그 확신은 오랜 세월의 묵상 후에야 온 것이다. "'누구든지 나와 복음을 위하여 제 목숨을 잃으면 구원하리라.' 예수님의 이 말씀이 나에게 주는 숨은 뜻을 찾고자 벌써부터 부단히 노력해 왔다. 그 답을 이제야 찾았다. 이제 외적인 행복뿐 아니라 내면의 행복을 찾은 것이다.

내 앞날을 위해 계획된 활동의 특성은 아직 내게 분명치 않았다. 그러나 한 가지 분명한 것은, 직접 사람을 섬기는 일이어야 한다는 것이다. 전혀 드러나지 않는 지역이라도 상관없다."

슈바이처는 자신이 유럽의 학계를 떠나 아프리카 야생의 정글로 가야 한다는 것을 오랜 기도와 묵상 끝에 분명히 알게 되었다. 그것이 부르심이라는 확신이 있었다. 제 목숨을 잃는 것이 하나님이 그에게 원하신 것이었다. 아프리카가 하나님이 원하신, 그의 목숨을 잃을 장소였다. 거기서 그는 드러나지 않는 사랑으로 섬겼다. 그의 삶은 우리 마음에 하나님의 말씀이 자라날 공간이 주어질 때 맺힐 수 있는 열매의 모본이 되었다.

자신의 은사와 부르심, 자신이 지음받은 목적을 알 때 우리는 하나님을 더 효율적으로 섬길 수 있다. 낭비하는 활동이 그만큼 적기 때문이다. 사랑, 희락, 화평은 열매의 일부에 지나지 않는다.

사랑은 아버지의 품에 기대어 쉴 때 오는 것이다.

희락은 아버지의 심장의 리듬을 잡을 때 오는 것이다.

화평은 그 리듬에 맞추어 살 때 오는 것이다.

바로 그 친밀하고 따뜻한 관계 속에서 우리는 자신이 지금 하나님이 뜻하신 바대로 인생을 살고 있다는 확신을 얻을 수 있다. 그것이 어머니의 삶인지 성인(聖人)의 삶인지 하나님만 아신다. 그러나 그분의 무릎에 기어올라 그 가슴에 머리를 누이고 귀기울일 때… 그분은 우리에게 말씀해 주신다.

8 묵상하는 삶의 추수

…사람이 무엇으로 심든지 그대로 거두리라 자기의 육체를 위하여 심는 자는 육체로부터 썩어진 것을 거두고 성령을 위하여 심는 자는 성령으로부터 영생을 거두리라 우리가 선을 행하되 낙심하지 말지니 피곤하지 아니하면 때가 이르매 거두리라 그러므로 우리는 기회 있는 대로 모든 이에게 착한 일을 하되 더욱 믿음의 가정들에게 할지니라.

갈라디아서 6:7-10.

열매 한 알 한 알에는 똑같은 것을 재생산할 수 있는 씨앗이 들어 있다. 추수가 곧 다음 번 씨앗이 되어, 음식 없는 세대가 없게 하고자 하나님이 그렇게 만드신 것이다.

이 책을 추수에 대한 이야기로 끝맺고 싶다.

이야기를 위해, 마지막으로 영화 장면을 한 번 더 소개한다.

〈쇼생크 탈출(The Shawshank Redemption)〉은 쇼생크 감옥에서 인간성을 잃지 않으려 고뇌하는 죄수들에 대한 영화이다. 팀 로빈스가 맡은 배역 앤디도 거기서 고뇌하고 있다. 그는 돌을 깎아 체스의 말을 만들고, 주 정부에다 감옥 도서관에 비치할 책을 신청하며, 재소자들을 도와 고등학교 졸업장을 받게 한다. 인간성을 지키기 위한 그 나름의 몇 가지 방법이다. 이외의 또 한 가지 그가 사용한 방법은 그에게 2주 동안의 독방 생활을 안겨 준다. 그것은 감옥 내 방송 장치에 접근해서 온 감옥에 들리도록 레코드를 튼 것이다.

세면장이며 감옥 마당 등으로 음악이 흘러 나가자 재소자들은 동작을 멈추고 그 자리에 부동 자세로 선다. 앤디의 친구이자 영화의 나레이터인 배우 모건 프리먼은 그 순간에 대해 이렇게 말한다.

"이날까지 나는 저 두 이탈리아 여자가 도대체 무슨 노래를 하고 있는지 전혀 아는 바 없다. 사실, 알고 싶지도 않다. 모르게 그냥 두는 편이 가장 나은 것도 있는 법이니까. 그냥, 너무 아름다워 말로는 표현할 수 없는, 듣는 이들의 가슴을 저미게 하는 그런 노래라 생각하고 싶다. 과연 그 목소리는 하늘을 날아올랐다. 그 누구도 감히 꿈꿀 수 없을 만큼 높이, 멀리. 마치 아름다운 새가 감옥으로 날개 치고 들어와 감옥 벽을 다 녹여 버리는 것 같았다. 지극히 짧은 한 순간, 쇼생크의 모든 사람이 자유를 느꼈다."

이것이 음악의 위력이다. 감옥 창살을 뚫고 사슬을 끊어 영혼을 가둔 감방을 열고 자유를 주는 위력.

나는 그 음악의 위력을 고등학교 때 느꼈다. "롤링 스톤즈(Rolling Stones)" 콘서트는 아니었다.

나는 텍사스 주 포트워스(Fort Worth)에서 자랐고, 60년대 말에 알링턴 하이츠 고등학교를 다녔다. 비틀즈, 도어즈, 롤링스톤즈 등 그야말로 드럼하고 전자 기타만 있으면 누구나 위력적인 음악을 다량 생산하던 때였다. 그런 음악이 주차장 차창 밖으로 8트랙 녹음 테이프를 통해 굉음을 울리던 것과 학교 댄스시간에 초대형 스피커로 울려 퍼지던 것을 나는 들었다. 그러나 내게 자유를 준 것은 그런 음악이 아니었다.

나를 자유케 한 음악은 그보다 부드럽고 조용했다. 고교 2년이 끝나 갈 무렵 어느 날에 나는 학교에서 그 음악을 들었다.

1968년 그 봄날, 예수님이 나타나셨다.

그는 올스타 양말과 체육복 반바지에 티셔츠를 입고 악수와 미소를 가지고 나타났다. 우리 농구팀 아이들 몇 명이서 체육관에서 장난삼아 게임을 하고 있는데, 사우스웨스턴 침례 신학교(Southwestern Baptist Theological Seminary)에 다니던 이 젊은 신학생이 우리 게임에 끼여들었다. 그 후로 몇 주 동안 그는 계속 나타났다. 점심 때, 방과후에, 주차장에, 그리고 오래지 않아 그는 우리 삶에도 끼여들었다.

그의 이름은 스콧 맨리(Scott Manley)였다.

그는 우리 몇을 설득해 여름 캠프에 가게 했다. 그의 장담처럼 과연 우리 인생 최고의 한 주였다. 이듬해 나는 '영 라이프(Young Life)'에 더 깊이 관여하게 되었고, 매주 동아리 모임과 캠페이너(Campaigner)라는 성경 공부에 참석했다. 그리고 여름에는 스타 랜치(Star Ranch)에서 열린 영 라이프 예비 대학생 캠프에 갔다.

거기서 마지막 메시지 후 20분 간의 조용한 시간에 나는 아직 조금밖에 모르는 내 인생을 아직 조금밖에 모르는 그리스도께 드렸다. 그분께 말씀드렸다. 대단한 것은 못되지만, 혹 원하신다면, 혹 어떤 식으로든 쓰실 수 있다면, 내가 가진 것은 그분의 것이라고.

가을에 나는 텍사스 크리스천 대학교(Texas Christian University)에 들어갔고 거기서 영 라이프 인도자들을 알게 되었다. 2학년부터 영 라이프 동아리를 인도하게 되었고 매주 인도자 모임에도 나갔다. 그 인도자 모임에서 귀한 친구들을 많이 만났다. 그 중 한 사람은 내게 가장 소중한 사람이다.

그 여자의 이름은 주디(Judy).

주디는 반 친구의 인도로 주님을 소개받았다. 그 친구는 자신의 영 라이프 인도자를 통해 그리스도인이 되었다. 그 인도자는 나의 영 라이프 인도자인 스콧 맨리를 통해 그리스도인이 되었다.

스콧이 동아리 모임이나 성경 공부 때 했던 이야기에 대해서는 전혀 기억이 없다. 가사는 기억 못하고 오직 음악뿐이다. 그 음악만큼은 영원히 잊지 못할 것이다.

그 음악은 내 귀로 흘러 들어와 이렇게 말했다. "나는 너를 사랑한다. 네게 관심이 있다. 너는 중요하다. 네 아픔은 중요하다. 네 고민은 중요하다. 네 삶은 하나님께 성스럽고 소중한 것이다. 그분은 너를 위한 미래를, 계획과 희망과 꿈을, 그리고 축복을 갖고 계시다."

아내 주디는 스콧에게 영향을 받은 우리 몇 사람에게서 얘기만 들었을 뿐, 그를 한 번도 만나 본 적이 없었다. 혹 만나게 된다면 무슨 말을 할지 두고두고 곰곰이 생각했다. 그리고 속으로 그 말을 수도 없이 연습했다.

2년 전, 아내는 드디어 스콧을 만났다. 우리는 몇몇 친구들과 우리 아이 넷과 함께 어떤 수련회에 참석하고 있었다. 강사가 스콧을 소개했다. 그 강사 역시 고등학교 때 스콧을 통해 주님에게 돌아온 사람이었다. 모임 후 주디는 아이들을 데리고 군중 속에서 스콧을 찾았다.

스콧을 발견한 주디는 이렇게 말했다.

"저를 모르실 거예요. 저는 켄 가이어의 아내 주디 가이어라고 합니다."

서로 포옹을 나눈 뒤 아내가 말을 이었다.

"오래 전부터 선생님께 꼭 드리고 싶은 말씀이 있었어요."

아내는 오랜 세월 기다려 온 감정이 북받쳐 오르는 듯했다.

"선생님은 제 남편을 그리스도께 인도하는 통로가 되셨어요. 제 영 라이프 인도자도 그리스도께 인도하셨구요. 제 영 라이프 인도자는 다시 제 친구를 그리스도께 인도했지요. 그 친구가 제게 예수님을 전해 줬어요. 선생님은 제 신앙의 선조입니다. 이 아이들은 우리 네 아이 중 셋입니다. 애가 켈리인데 켈리는 예수님을 압니다. 애는 레이첼, 레이첼도 예수님을 압니다. 애는 스티븐, 스티븐도 예수님을 알지요. 여기 없는 우리 맏딸 그레첸도 예수님을 압니다. 우리 식구 모두가 스콧 맨리 씨 덕분에 예수님을 알게 됐어요. 정말 감사드립니다. 고맙습니다."

스콧은 아내를 부둥켜안았고, 두 사람은 같이 오래오래 울었다.

이것이 하나님의 사랑의 그림이요. 그 사랑이 우리 주변 사람들의 삶 속으로 흘러 넘치게 되어 있는 본연의 모습이다.

'우리에게' 그 사랑은 온 우주에서 가장 위대한 노래로 다가왔다.

그 노래를 전문가처럼 세련되게 부르는 것은 중요하지 않다. 가슴으로 뜨겁게 부르는 것이 중요하다.

우리 그리스도인들이 하나님과 이웃을 향한 사랑으로 연합하여 함께 모일 때. 그때가 바로 우리가 아버지의 심장 박동에 박자를 맞추게 되는 때이다. 그때가 바로 우리의 삶이 온 세계가 동작을 멈추고 들을 만큼 아름다운 노래가 되는 때이다.

세상이 우리의 노래 가사를 이해 못할지도 모른다. 듣고 나서 별일 아니라는 듯 전에 하던 일로 돌아갈지도 모른다. 그럴지라도 세상 사람들은 이제 막 들은 음악이 자기들 중 누구도 감히 꿈꾸지 못했던 어딘가 훨씬 높고 먼 곳에서 온 것임을 느낄 것이다. 그리고 지극히 짧은 한 순간, 그 음악을 들은 모든 사람이 가슴 저미는 자유를 맛볼 것이다.

그리하여 예수님이 다시 오시는 날까지 우리는 노래하리라.

함께.

화음을 이루며.

마침내 그분이 다시 오시는 날, 우리가 이 땅에서 부르던 가장 정열적인 노래도 한낱 서곡의 콧노래 소리에 지나지 않으리라. 그리고 우리는 깨닫게 되리라. 어떤 이들은 처음으로. 여기 이 땅에서 우리 삶의 슬프고 때로 어둡던 음표도 실은 하늘의 위대한 교향곡의 깊고 그윽한 선율이었음을.

지금껏 멀리서만 사랑했던 분, 그 예수님을 뵙는 날, 두 뺨에는 눈물이 흐르고 우리 입에서는 노래가 터져 나오리라. 한절 한절 부를수록 심령이 벅차 올라서 그분께 드리는 사랑의 표현이 더욱 절절해지는, 영원히 멈추고 싶지 않은 노래. 가장 아름다운 첫 음정을 친히 부르사 우리 모두에게 살아갈 이유를 주셨을 뿐 아니라…

노래할 이유를 주신 그분께.

9 묵상하는 삶을 돕는 실제적 자료

여기 발췌된 부분을 통해 당신은 묵상하는 삶에 도움이 되는 실제적 도구를 익히게 될 것이다. 신체에 호흡이 자연스럽고 필수적이듯, 이런 도구를 통해 마음의 습관―순간을 읽기, 순간을 묵상하기, 순간에 반응하기―이 여러분의 신앙 여정에 자연스럽고 필수적인 부분이 될 수 있다.

묵상집 「말씀 묵상」
매순간 삶 속에서 하나님의 말씀을 묵상하는 법

성경은 낙원에서 시작하여 낙원으로 끝난다. 에덴 동산과 새 예루살렘 동산 사이에 갖가지 풍경이 펼쳐져 있다.

이스라엘의 삶에서 그 풍경은 우르에서 뻗어나가 애굽에 이르렀다 시내산을 휘감고 돌아 광야를 지난 뒤 젖과 꿀이 흐르는 땅을 거쳐 유수(幽囚)의 몸이 되었다가 다시 팔레스타인으로 돌아온다.

예수님의 삶도 비슷한 지형을 거친다. 여기도 광야가 있다. 장소가 다를 뿐. 하늘의 말씀은 역시 산에서 계시된다. 돌판에 새겨진 것이 아니라 설교의 말씀일 뿐. 시내 산에서 주어진 말씀을 더욱더 깊은 음폭으로 울려 낸 말씀. 또 다른 산, 더 높은 산에서 그분의 영광이 계시된다. 그분이 지나가신 계곡이 있고, 그분이 기도하신 동산이 있고, 그분이 죽으신 언덕이 있다.

교회의 삶에도 독특한 풍경이 있다. 오순절의 정상. 고린도의 계곡. 라오디게아의 정체.

말씀 묵상

당신과 나, 우리 자신의 삶도 영적으로 비슷한 지대를 통과한다. 믿음의 정상. 회의의 계곡. 자만의 정체. 냉랭한 광야.

그 여정에서 하나님은 말씀하신다. 우리 삶의 정상 경험을 통해서, 계곡에서, 정체 중에. 심지어 그분의 모든 흔적이 사라져 버린 것만 같은 광야에서도. 그렇게 길을 가며 듣는 말씀이 우리의 신앙 여정 중 그 특정 시점에 꼭 필요한 말씀인지 누가 알겠는가. 우리로 두려운 계곡을 지나 푸른 초장에 이르게 하시려고. 광야를 벗어나 잔잔한 물가에 눕게 하시려고.

앞에서도 강조한 것처럼, 하나님이 삶 속에서 주시는 말씀을 잘 알아들으려면 우선 성경을 묵상하는 기술을 배워야 한다. 성경에서 하나님의 음성 듣는 법을 배우면 다른 부분에서도 그분의 음성을 들을 수 있을 것이기 때문이다.

하나님은 해주실 말씀이 많다. 성경을 통해서 뿐 아니라 우리 일상 생활의 상황을 통해서도. 우리 삶의 페이지가 처음 읽을 때는 아무리 무미건조해 보여도 그 행중에 혹은 행간에 하나님은 말씀하실 수 있다. 사실 우리가 읽는 모든 책, 우리가 보는 모든 영화, 우리가 대화하는 모든 사람, 우리가 듣는 모든 노래, 우리 삶의 모든 순간이 다 묵상의 주제가 될 수 있으며 하나님이 말씀하시는 통로가 될 수 있다.

그러나 너무 바삐 살아가면 그런 것을 놓칠 수 있다. 그러므로 성경이 말하고 있는 바를 들으려면 먼저 속도를 늦춰야 한다. 「말씀 묵상」의 3단계 형식은 바로 그런 목적에서 나온 것이다. 쉬어 가기를 통해 묵상을 돕는 것이다. 쉬어 가기란 공원 벤치와 같은 것이다. 걸음을 멈추고 앉아 자신의 신앙 여정을 돌아볼 수 있는 곳, 지도를 확인하는 곳, 방위(方位)를 점검하는 곳, 그리하여 필요하다면 진로를 조정하는 곳.

일일 묵상은 우선 '말씀 읽기'로 시작된다. 이어 성경 본문에 대해 통찰을 얻게 해주는 '말씀 묵상하기' 부분이 나온다. 리처드 포스터, 테레사 수녀, 에이든 토저, C. S. 루이스, 프레더릭 부크너, 필립 얀시(Philip Yancey), 에디스 쉐퍼(Edith Schaeffer), 유진 피터슨(Eugene Peterson) 등 동서고금의 신앙의 선배들이 남겨 준 통찰이다. 목표는 학적인 분석이 아니라 영적인 조명에 있다. 말씀의 등불을 좀더 높이 달아 우리가 현재 지나고 있는 길을 더 밝게 비추게 하기 위함이다.

'말씀에 반응하기' 부분은 읽기와 묵상의 내용을 개인화하는 단계이다. 이런 묵상 시간을 통해 말씀이 우리 각자의 삶 속에 파고들게 하는 것이다. 소개된 기도는 단지 당신이 기도를 시작하도록 돕기 위한 것이다. 성령께서 당신에게 다른 것들—보아야 할 다른 풍경, 취해야 할 다른 경로, 피해야 할 다른 절벽—을 생각나게 해주시기를 바라는 마음으로.

각자 자신의 여정을 걷되 이들 신앙의 선배들을 길동무 삼으면 성경 묵상의 기술을 익히는 좋은 길잡이가 될 것이다. 공원 벤치에 그들과 함께 잠시 앉아 보라. 앉을 때는 잔잔한 마음으로 귀기울이라. 하나님의 음성이 우리의 삶 속에 천둥처럼 크게 울릴 때도 있지만, 그보다는 저만치 꽃밭이 있음을 향기로 일깨우며 부드러운 미풍처럼 우리 곁에서 속삭일 때가 더 많기 때문이다.

그러므로 긴장을 풀고 천천히 묵상하라….
성경의 풍경만 아니라
자신의 삶의 풍경까지.

♣ ♣ ♣

말씀을 읽기

"하나님이여 사슴이 시냇물을 찾기에 갈급함같이 내 영혼이 주를 찾기에 갈급하니이다 내 영혼이 하나님 곧 생존하시는 하나님을 갈망하나니…"(시 42:1-2).

말씀을 묵상하기

하나님을 향한 우리의 갈급함은 다윗만큼 절실하지는 못할지 몰라도 어디까지나 사실이다. 그러나 굶주림이란 고통이기에 우리는 아무 방법으로나 그 고통을 덜려 한다. 그 여러 방법 중

하나가 종교 활동이다. 독서나 테이프 청취나 세미나 참석 같은 활동이 다 해당될 수 있다. 모두 아주 좋고 유익한 일이지만 그런 활동을 통해 우리는 남의 경험으로 배를 채운다. 내 경험이 아닌 것이다. 광야의 동굴에서 부르짖던 다윗의 시를 읽을 수 있다. 읽어야 한다. 그러나 그것은 내 시는 아니다. 내 동굴이 아니고 내 광야가 아니고 내 눈물이 아니기 때문에 내 시가 아니다.

오랜 세월, 나는 나의 하나님 경험이 꼭 시편 같았으면 했다. 매끄러운 운율, 풍부한 시적 이미지, 아름다운 은혜의 작품. 내가 깨달은 것은 그런 시편들이 극도의 굶주림—이 땅의 어떤 음식도 채워 줄 수 없는 굶주림—의 산물이라는 것이다.

"만족하는 사람은 진정 갈망하지 않은 것이다." 아브라함 헤셸의 말이다. 하늘의 진미는 우리의 갈급함을 채워 주는 것이 아니라 오히려 더 갈급하게 하는 것임을 잘 알았기에 그런 말을 한 것이 아닐까.

켄 가이어, 「영혼의 창」

말씀에 반응하기

오 하나님, 하나님의 선하심을 맛보니 마음이 차 오르면서도 더 목이 마릅니다. 제게는 은혜가 더 많이 필요함을 고통 속에서 느낍니다. 열망이 부족한 제 모습이 부끄럽습니다. 오 하나님, 삼위일체 하나님, 하나님을 원하기 원합니다. 갈망으로 가득 차기를 갈망합니다. 저는 더 큰 갈급을 향해 갈급함을 느낍니다.

A. W. 토저, 「하나님을 추구함」

♣ ♣ ♣

말씀을 읽기

"이 일을 생각할 때에 주의 사자가 현몽하여 가로되 다윗의 자손 요셉아 네 아내 마리아 데려오기를 무서워 말라 저에게 잉태된 자는 성령으로 된 것이라 아들을 낳으리니 이름을 예수라 하라 이는 그가 자기 백성을 저희 죄에서 구원할 자이심이라 하니라 이 모든 일의 된 것은 주께서 선지자로 하신 말씀을 이루려 하심이니 가라사대 보라 처녀가 잉태하여 아들을 낳을 것이요 그 이름은 임마누엘이라 하리라 하셨으니 이를 번역한즉 하나님이 우리와 함께 계시다 함이라"(마 1:20—23).

말씀을 묵상하기

 임마누엘이라는 이름은 위로와 불안, 두 가지 의미를 준다. 위로라 함은 그분이 우리 일상 생활의 고역과 위험을 나누려고 오셨기 때문이다. 그분은 우리와 함께 울기 원하시며 우리의 눈물을 닦아 주기 원하신다. 무엇보다 파격적인 것은 하나님의 아들 예수 그리스도가 웃음과 기쁨의 원천이 되사 우리가 너무도 모르고 사는 그 웃음과 기쁨을 나누어 주시기를 간절히 원하신다는 것이다.

 그러나 거기에는 불안의 의미도 있다. 이것은 하나님이 저만치 멀리서 우리를 내려다보며 말씀하신다고(부디 장거리 전화로) 믿는 것과는 다른 일이다. 그분이 지금 여기에 계시다는 말은, 곧 우리 자신과 그분이 처한 상황을 완전 달라지게 하는 것이다. 그분은 더 이상 얌전하고 마음씨 좋은 하늘의 구경꾼이 아니다. 수염이 허연 인정 많은 옛 하나님 상이 아니다. 그분의 형상은 예수님의 형상이 되신다. 울고 웃으신 예수님, 금식하신 예수님, 음식을 즐기신 예수님, 무엇보다도 사랑하는 이들 곁에 온전히 임재하신 예수님. 그분은 거기 그들과 함께 계셨다. 그분은 여기 우리와 함께 계신다….

 그분은 우리 일상 생활의 한복판에 우리와 함께 계신다. 집 청소 중에, 차를 운전하는 중에…, 대개는 가장 평범한 일을 하는 중에 당신이 거기 우리와 함께 계심을 일깨워 주실 때가 많다. 그때 우리는 깨닫는다. 예수님과 함께 사는 이들에게는 '평범한' 순간이란 있을 수 없다는 것을.

마이클 카드(Michael Card),

The Name of the Promise Is Jesus(약속의 이름 예수)

말씀에 반응하기

주님, 주님은 일반인에게 일반적 사건을 통해 말씀하십니다. 혁명이란 단순히 사람들의 마음에 폭풍과 격동을 일으키는 주님의 섭리의 물결입니다. 주님은 특정인에게 특별한 사건을 통해 말씀하십니다. 순간순간 일어나는 일들을 통해. 그러나 사람들은 주님의 음성을 듣지 않으며, 매사건을 주님의 애정 어린 인도의 신호로 중요하게 여기지 않은 채, 맹목적 우연과 인간적 결정만을 볼 뿐입니다. 그들은 주님의 모든 말씀에 이의를 답니다. 주님의 말씀에 보태거나 그 말씀에서 빼려 듭니다. 말씀을 바꾸고 고치려 합니다.

사랑하는 주님, 삶이라는 책을 정독하는 것을 가르쳐 주옵소서. 주님의 의도를 깨닫든 깨닫지 못하든 그것과 상관없이 순수한 어린아이처럼 주님의 말씀을 받아들이고 싶습니다. 주님께서 말씀하신다는 사실 하나로 족합니다.

장-피에르 드 코사드

♣ ♣ ♣

말씀을 읽기

"애통하는 자는 복이 있나니 저희가 위로를 받을 것임이요"
(마 5:4).

말씀을 묵상하기

당신의 인생에 아주 평온하고 만족스레 지나갔던 시절을 돌이켜 보라.…

인생 전체가 그런 시절의 연속이었다면 당신은 어떤 사람이 되었을지 아는가? 더 높은 것, 순수한 것, 하나님 따위는 안중에도 없는 이기적이고 냉혹하고 고독한 사람이 되었을 것이다. 그리고 절대로 축복을 느끼지 못했을 것이다.

인간이란 자신을 위해 사는 존재가 아님을 처음 깨달은 것이 언제인가? 이웃들의 긍휼의 축복이 당신에게 위로를 가져다 준 것이 언제인가? 고난당할 때였다. 멀고 차갑던 이들에게 마음이 가까이 다가간 것이 언제인가? 고난당할 때였다. 인생의 보다 숭고한 숙명에 얼핏 눈뜬 것이 언제인가? 고난당할 때였다. 하나님이 당신 곁에 계심을 느낀 것이 언제인가? 고난당할 때였

말씀 묵상

다. 하늘에 아버지가 계시는 축복을 처음 느낀 것이 언제인가? 고난당할 때였다.

알베르트 슈바이처,
Reverence for Life(생명의 외경)

말씀에 반응하기

사랑하는 예수님,

주님을 따르며 걸어야 했던 고된 오르막길을 인해 감사드립니다. 그 덕에 저는 더 강해졌고, 주님과 더 가까워졌습니다. 지금까지 걸어오며 만났던 모든 좋은 것들을 인해 감사드립니다.

그러나 솔직히 고백합니다. 그 길이 좀더 쉬웠으면,

더 지름길이었으면,

더 경치 좋은 길이었으면 좋겠습니다.

어둡고 외롭고 눈물나는 겟세마네 동산은 지나지 않아도 됐으면 좋겠습니다.

갈릴리 바닷가만 계속 맴돌았으면, 주님과의 동행이 해질녘 평화로운 산책 같았으면 좋겠습니다.

성장하는 영혼의 지형에 겟세마네도 갈릴리처럼 꼭 필요한 것임을 깨닫게 하소서.

주님께서 아들이시라도 받으신 고난으로 순종함을 배우신 것을 잊지 않게 하소서.

바울은 주님의 고난에 동참하는 것에 대해 말합니다. 주님과의 연합을 간절히 고대하면서도 솔직한 저의 고백은, 주님, 그 연합을 맛보기 위해 고난도 받아야 한다는 생각에 그만 걸음이 멎곤 합니다.

주 예수님, 도와주소서. 평화로운 길보다는 주님과의 동행을 원하게 하시고, 주님과의 연합에 필요한 고난을 겁내기보다는 그 연합을 사모하는 마음이 더하게 하소서.

켄 가이어

♣ ♣ ♣

말씀을 읽기

"공중의 새를 보라 심지도 않고 거두지도 않고 창고에 모아들이지도 아니하되 너희 천부께서 기르시나니 너희는 이것들보다 귀하지 아니하냐"(마 6:26).

말씀을 묵상하기

하나님이 기르시니 걱정이 없다. 어찌 그렇지 않으랴.

음식. 하나님이 공중의 곤충과 땅 위의 씨앗을 주신다.

음식 찾기. 하나님이 예리한 눈과 재빠른 날개를 주신다.

마실 것. 하나님이 빗물 웅덩이를 주신다.

생존. 하나님이 이주 본능을 주사 따뜻한 곳으로 가게 하신다.

날기. 하나님이 통기성 좋고 가벼운 날개를 주신다.

체온. 하나님이 깃털을 주신다.

습기 방지. 하나님이 방수 살갗을 주신다.

쉼. 하나님이 따뜻한 기류를 보내셔서 활공하게 하신다.

여행. 하나님이 다른 길동무를 주신다.

귀환. 하나님이 암수를 짝지어 친구 되게 하신다.

안전. 하나님이 약탈자가 건드리지 못하게 가지 속에 집을 주신다.

둥지. 하나님이 집 지을 잔가지를 주신다.

그리고 하나님은 갓 태어난 새의 주둥이마다 벌레를 충분히 주사 그들이 자라서 둥지를 떠나 생명의 순환을 계속하게 하신다.

그러니 이 세상 염려에서 그토록 자유로운 것도 당연한 일이다.

당연하지 않은 일―우리는 그 새들보다 귀하면서 왜 그렇게 자유롭지 못한가?

켄 가이어

말씀에 반응하기

전능하신 하나님, 우리에게
지각에 뛰어난 주님의 평강을 주소서.
그리하여 인생의 폭풍과 문제 속에서도
모든 것이 주님 안에 있음을 알기에 그 안에서 쉬게 하소서.
주님의 살피심과 돌보심 속에서
그 뜻대로 움직이며 그 사랑에 보호받게 하소서.
그리하여 인생의 폭풍과 구름과 짙은 흑암도
안연한 심령으로 보게 하소서.
주님께는 광명과 흑암이 일반임을 알기에
늘 기쁨을 잃지 않으며….

조지 도슨(George Dawson)

♣ ♣ ♣

말씀을 읽기

"저희가 전에 소경 되었던 사람을 데리고 바리새인들에게 갔더라 예수께서 진흙을 이겨 눈을 뜨게 하신 날은 안식일이라 그러므로 바리새인들도 그 어떻게 보게 된 것을 물으니 가로되 그 사람이 진흙을 내 눈에 바르매 내가 씻고 보나이다 하니 바리새인 중에 혹은 말하되 이 사람이 안식일을 지키지 아니하니 하나님께로서 온 자가 아니라 하며 혹은 말하되 죄인으로서 어떻게 이러한 표적을 행하겠느냐 하여 피차 쟁론이 되었더니… 대답하되 그가 죄인인지 내가 알지 못하나 한 가지 아는 것은 내가 소경으로 있다가 지금 보는 그것이니이다"(요 9:13-16, 25).

말씀을 묵상하기

아그네스 샌포드(Agnes Sanford)는 말한다. "종교란 하나님을 체험하는 것이다. 신학이란 그 체험을 설명하려는 시도에 지나지 않는다."

글쎄, 그런 설명이 (신학자들 빼고) 누구한테 필요할까? 우리 대부분에게 정말 필요한 것은 체험이다. 적어도 내 경우, 신학은 사실상 방해와 걸림돌만 될 수 있다. 신학이란 무지개를 즐기고 있는데 옆에서 누가 그 무지개를 분석하는 것이나 같다. 시에 전율하고 있는데 교사가 와서 그 시를 쪼개는 것과 같다. 로버트 프로스트의 시 "눈 오는 저녁 숲가에 서서"를 무려 5,000단어로 해설한 존 시아르디(John Ciardi)와 같다.… 프로스트가 웃으며 한 말. "세상에! 그렇게 많은 뜻이 있는지 나 자신도 몰랐다." 비평가와 신학자들은 작가가 의도하지도 않은 별의별 잡다한 의미를 다 지어낼 수 있다.

하나님도 그러실 것이다. 그분은 필시 대중에게 종교를 '설명하기' 위해 씌어진―마치 우리가 우리 자신의 체험조차 이해 못하는 멍청이라도 된다는 듯―산더미 같은 책들을 보고 놀라 뒷걸음치실 것이다.

마조리 홈즈(Marjorie Holmes),
How Can I Find You, God?
(하나님, 하나님을 어떻게 찾을 수 있나요?)

말씀에 반응하기

사랑하는 주님, 더 이상 사자(使者)를 통해 주님에 대해 듣는 것을 원치 않습니다. 더 이상 주님에 대한 교리를 듣고 싶지 않습니다. 주님에 대해 말하는 사람들에 의해 감정이 격해지는 것도 원치 않습니다.

사자들은 제가 주님과 얼마나 멀리 있는지 새삼 들추어내 오히려 제게 좌절과 슬픔만 줍니다. 제 마음의 상처를 끄집어냅니다. 제게 오시는 주님의 발걸음을 지연시키는 것만 같습니다.

오늘 이후로는 제게 더 이상 사자도, 교리도 보내지 마옵소서. 그들은 주님을 향한 저의 불타는 갈망을 채워 줄 수 없기 때문입니다.

저 자신을 온전히 주님께 드리고 싶습니다.

주님 자신을 온전히 저에게 주소서.

희미하게 보이시던 사랑을 이제 밝히 계시해 주소서. 사자를 통해 보내시던 사랑을 제게 직접 말씀해 주소서. 간혹 주님이 제게 모습을 숨기사 꼭 저를 놀리시는 것 같을 때가 있습니다. 주님, 귀중한 보배이신 그 사랑으로 저에게 임하소서.

십자가의 성 요한

일기집 「삶의 묵상」

매순간 삶 속에서 하나님의 음성을 분별하는 법

이 일기집은 여러분의 일기를 시간 순서나 주제별, 어느 쪽으로나 정리할 수 있도록 구성한 것이다. 이 책에서 다룬 주제는 다음과 같다. 일상 생활의 순간, 기도의 순간, 성경의 순간, 직장의 순간, 타인과의 순간, 자연의 순간, 경외의 순간, 교회의 순간, 예술의 순간, 기쁨의 순간, 눈물의 순간, 과거의 순간, 하나님의 침묵의 순간, 기다림의 순간. 다음은 이런 순간들 중에서 뽑은 몇 가지 예이다.

머리말

헨리 데이비드 소로는 월든(Walden) 연못에서 보내던 시절의 일기에서, 거기 가 사는 이유를 이렇게 설명했다. "내가 숲속으로 온 것은 신중하게 살고 싶어서이다. 인생의 본질하고만 부딪치고 싶어서이다. 인생이 주는 교훈을 배울 수 있는지 보고 싶다. 그리고 죽을 때, 삶을 잃은 내 모습을 보고 싶지 않다."

이 일기집의 목표도 같다. 인생이 주는 교훈을 배우기 위해 인생의 본질로 돌아가 신중하게 살도록 돕기 위한 것이다.

왜?

인생이 끝나는 날, 자신의 삶을 돌아보며 흘려 버린 시간과 찢겨 나간 달력만 보고 싶을 사람은 아무도 없기 때문이다. 우리가 인생에 원하는 것은 그 이상이다. 소로는 분명 그 이상을 원했다. 그는 일기에 이렇게 썼다. "깊게 살며 삶의 모든 정수를 흡입하고 싶었다."

이는 우리 모두가 원하는 바 아닌가? 예수님이 우리에게 원하시는 바 아닌가? 그렇지 않다면 그분의 이런 말씀은 도대체 무슨 뜻인가? "내가 온 것은 양으로 생명을 얻게 하고 더 풍성히 얻게 하려는 것이라."

삶을 보다 풍성히 체험하기 위해 우리는 소로와 비슷한 실험을 시작하려 한다. 숲 속으로 들어가는 것만 빼고. 우리는 '세상' 속으로 들어간다. 지극히 평범한 일상의 세상으로. 자명종으로 하루가 시작되는 세상. 온종일 시계를 들여다봐야 하는 세상. 밤이면 다시 자명종을 맞추어 똑같이 반복될 내일을 준비해야 하는 세상. 이것이 우리 모두가 비단 생계를 위해서만 아니라 삶다운 삶을 살기 위해 부딪혀야 하는 세상이다.

하지만 이런 세상에서 어떻게 삶다운 삶을 살 것인가? 왕래가 시끄러운 이 세상에서 어떻게 하나님이 가르쳐 주시는 바를 배울 것인가? 발걸음이 무겁고 만사가 흐릿하게 스쳐 가는 직장생활에서 어떻게 하나님을 볼 것인가? 여리고 가는 길이 고속도로인데 어떻게 길을 멈추고 선한 사마리아인이 될 것인가?

어떻게?

소로가 월든에서 했던 식으로 우리는 우리의 세상에서 그렇게 하면 된다.

신중하게.

다니는 길에서 걸음을 늦추고 교차로에서 정지하여 주변을 보고 들으려면 뭔가 신중한 결정을 내려야 한다. 도로 표지판을 읽고 그 의미를 묵상하고 반응해야 한다. 고속도로를 벗어나 다른 길을 택해야 할 때도 있다. 걸음을 멈추고 도움이 필요한 사람에게 손을 내밀어야 할 때도 있다. 사고를 피하기 위해 완전히 정지해야 할 때도 있다.

「삶의 묵상」은 우리의 하루 삶에 군데군데 감속 범프를 놓아주기 위해 마련된 것이다. 도로 표지판을 읽을 수 있는 충분한 시간 동안 속도를 늦추게 하는 것이다.

하나님이 당신에게 말씀하고 계시다고 느껴지는 순간, 걸음을 멈추라. 일어난 일을 종이에 적어 두라. 성경을 읽다 찾아온 순간도 좋고 가게에 갔다가 만난 순간도 좋다. 영화의 한 장면도 좋고 설교 중에 들은 말도 좋다. 조간 신문 기사도 좋고 석간 신문 일화도 좋다. 누군가 뭐라고 한 말… 혹은 하지 않은 말도 좋다.

그 다음에는 잠시 시간을 내 그 순간을 묵상하라. 그리고 위로는 하나님께 나가는 기도로, 밖으로는 주변 사람들을 찾아가는 행동으로 그 묵상에 반응하라.

당신 자신의 삶 속에서 그런 순간에 대한 의식을 일깨울 수 있는 주제에 일기의 초점을 맞추었다. 주제에 울림을 더하기 위해, 내가 삶 속에서 하나님의 음성을 분별하는 법을 배우는 데 책을 통해 스승 역할을 한 몇몇 저자들의 글을 인용했다. 인용구를 통해 그들의 신선한 생각을 접할 뿐 아니라 그들의 책을 더 깊이 읽어 볼 수 있는 계기가 되기 바란다.

주제는 인위적으로 구성할 수 있지만, 삶의 순간은 그렇지 않다는 것을 이해하는 것이 중요하다. 순간이란 임의로 발생하는 것이기 때문이다. 준비된 마음으로 그 순간을 받아들일 수는 있어도, 그 순간에 부딪힐 시간과 장소와 방법은 우리가 계획할 수 없다. 삶의 순간이란 예측할 수 없다. 기대할 뿐이다. 조작할 수도 없다. 받아들이거나 받아들이지 않거나 둘 중 하나이다. 그것만이 우리가 할 수 있는 선택이다.

이 일기집은 당신이 삶의 순간을 더 잘 받아들일 수 있도록 돕기 위한 도구이다. 길 안내를 위해 각 순간의 첫머리에 도입으로 내 생각을 약간 적어 놓았다. 그 다음, 하나님이 나를 이끄시고 지적하시고 내 삶에 대해 말씀하신다고 느껴진 순간을 소개했다.

그런 순간들을 통해 나는 하나님이 거기 계시다는 것, 보고 들으신다는 것, 돌봐주신다는 것, 침묵하지 않으신다는 것을 깨달을 수 있었다. 토저는 말했다. "하나님은 본질상 계속 표현하시는 분이다. 그분은 세상을 그 말씀의 음성으로 채우신다."
 당신이 그 음성, 특히 하나님이 당신에게 주시는 말씀을 듣는 데 이 일기집이 도움이 되기를 바란다.

일상 생활의 순간

처음 창조될 때, 이 땅은 하나님이 거기 두신 모든 생명에게 하나의 훌륭한 생태계였다. 바다에 거하던 생물에게, 하늘에 거하던 생물에게, 육지에 거하던 생물에게.

만물의 영장인 인간의 처소로 하나님은 특별한 장소를 마련하셨다. 동산. 그것은 형태와 기능 양면에서 건축의 쾌거였다. 육체의 음식과 거처뿐 아니라 영혼의 아름다움과 쉼도 주었기 때문이다.

그러나 동산의 취지는 인간의 육체적, 영적 필요를 채우는 곳 이상이었다. 하나님이 인간과 교제를 가꾸어 가실 이상적 환경으로 예비된 곳이었다. 동산은 비단 풍성하고 아름다운 곳만이 아니라 조용한 곳이 되어야 했다.

묵상하기 좋은 곳.

화랑(畵廊)처럼.

그 동산은 인간이 한가로이 거닐다 나뭇잎 하나의 정교한 무늬 앞에 걸음을 멈추고… 다시 걷다가 다른 전시품, 이번에는 난초의 아름다운 색조 앞에 서고… 다시 좀더 거닐다 나무가 가지를 뻗는 장관 앞에 멈추어 서는, 그런 곳이었다.

전시품은 이런 궁금증을 불러일으켰을 것이다. 이런 작품을 만든 예술가는 누구일까? 어떤 분일까? 우리는 어떻게 그를 알 수 있을까?

시편 기자는 하늘이 하나님의 숨막힐 듯한 예술성을 끊임없이 드러내고 있다고 말한다. "날은 날에게 말하고 밤은 밤에게 지식을 전하니"(시 19:1-2). 맞다. 시편 기자의 말처럼 그 계시의 형태는 아주 미묘하다. "언어가 없고 들리는 소리도 없으나"(시 19:3).

화랑에서 관람객을 인솔하는 미술사가(史家)처럼 시편 기자는 우리에게 피조 세계를 이해하는 기본 원리를 말해 준다. 예술가 하나님은 하고 싶은 모든 말을 언어가 아닌 그림으로 하신다는 것이다.

그게 사실이라면, 인간을 두신 동산이 그림—하나님이 어떤 분이시고 무엇을 중시하시며 어떻게 일하시는 분인지 얼마간 계시해 주는—으로 가득하다는 것은 지당한 일이다. 그 그림을 보며 우리는 하나님을 조금씩 알 수 있다.

하나님은 예술적인 분이시다. 그분의 물감은 가장 수수한 색에서 가장 화려한 색까지 없는 것이 없다. 그 화려함은 공작에게서 볼 수 있고 그 수수함은 참새에게서 볼 수 있다.

하나님은 능력이 많으신 분이다. 위풍당당한 키다리 레드우드(아메리카삼나무)를 만드신 분이다. 그분은 또한 자상하신 분이다. 무당벌레 등에 섬세한 점 무늬를 입혀 주신 분이다.

삶의 묵상 241

하나님은 질서가 있으신 분이다. 과정을 중시하시는 분이다. 처음에는 줄기, 다음에는 잎, 다음에는 꽃, 다음에는 열매. 그러나 그 창조적 질서 안에는 천진스러우리만큼 자유가 있다. 민들레 흰머리를 훑고 가는 바람에서 그것을 볼 수 있다. 신기하게 요동치는 다람쥐 꼬리에서 그것을 볼 수 있다. 이슬 속에 빛나는 무지개 색조에서 그것을 볼 수 있다.

피조물이 지식을 계시하는 것처럼 우리 삶의 상황 또한 그렇다. 매순간 삶의 사건들은 우리 이해의 밭에 씨앗처럼 떨어진다. 우리의 첫 조상의 책임이 그러하였듯 우리의 책임도 동산을 가꾸는 것이다. 밭을 가는 것이다. 잘 자라게 손보는 것이다. 가지에서 떨어지는 것을 영혼의 거름으로 삼는 것이다.

날짜: 1997년 10월 10일

이 땅을 사는 모든 인생의 모든 순간과 모든 사건은 그 영혼에 뭔가를 심어 놓는다. 눈에 보이는, 보이지 않는 무수한 씨앗이 바람을 타고 날아가듯 영적인 생명의 씨앗도 세월의 흐름을 타고 날아와 인간의 마음과 의지에 살며시 내려앉는다. 그 무수한 씨앗은 대부분 죽어 없어지는데 그것은 인간이 받을 준비가 되어 있지 않기 때문이다.

토머스 머턴,

Seeds of Contemplation (묵상의 씨앗)

삶의 묵상

순간을 읽기

USA Today(USA 투데이) 스포츠 면. 커버 스토리 제목. "스미스, 탄원도 외면한 눈물의 은퇴." 딘 스미스(Dean Smith)의 대학 농구 은퇴에 대한 보도 자료였다. 66세에 36년 동안의 직업을 마감하는 것이다. 그 36년 동안 스미스는 879승을 거두었고 전국 대학 체육 협회 선수권 대회에서 2번 우승했고 최종 4강에 11번 올랐으며, 팀 선수들의 졸업률은 97.3%였다. 기사에는 팀 선수들, 다른 코치들, 팬들의 말도 실려 있었으나 내 시선을 붙들어 묵상하게 한 것은 스미스의 말이었다. 래리 브라운(Larry Brown)이 노스캐롤라이나 체육관의 팀 훈련 캠프에서 뛰는 것을 지켜보며 스미스는 이렇게 말했다. "래리 브라운은 언제나 내 가슴을 뛰게 한다. 나도 한때 그랬다. 이 팀에 저런 열정을 줄 수 없다면 나는 나가겠다고 말했다. 그것이 지금 내 솔직한 심정이다."

순간을 묵상하기

나는 언제나 농구를 좋아했다. 직접 하는 것도, 관전하는 것도. 스케줄이 아무리 바빠도 3월말 준결승부터는 언제나 시간을 낸다. 그 마지막 네 팀의 경기 중에는 딘 스미스가 코치로 있는 노스캐롤라이나 팀이 나올 때가 많았다. 그의 팬들처럼 나 역시 그가 그만두어 서운하지만 은퇴의 이유가 그를 더욱 존경하게 만든다. 그가 은퇴한 것은 농구 프로그램이 여러 해 걸려 다시 일으켜야 할 정도로 엉망이 되었기 때문이 아니다. 한때 자기에게 있었던 경기에 대한 열정이 사라졌기 때문에 그만둔 것이다. 그 열정 없이는 자신의 최선의 것을 줄 수 없다는 것을 그는 알았다. 그리고 선수들은 그 이상의 것을 받을 자격이 있다고 그는 생각했다. 팬들도 그렇고. 그의 은퇴는 모든 사람을 깜짝 놀라게 했다. 그러나 동시에 모든 사람의 존경을 불러일으켰다.

- 이 순간의 뜻을 밝혀 주는 마음에 떠오르는 성경 구절이 있는가?

"많은 부보다 명예를 더 사모할 것이라"(잠언).

순간에 반응하기

수직 반응—기도

아버지, 작가로서 제가 하는 일에 열정을 품을 수 있도록 도와 주소서. 그리고 열정이 사라질 때는 딘 스미스처럼 열정 있는 다른 사람에게 자리를 내주고 물러나기로 결단할 수 있는 용기와 힘과 정직함을 주소서.

수평 반응—행동

최근 열정이 식는 것을 느끼고 있다. 헌신한 일은 너무 많은데 삶 속에 열정은 너무 적다. 지금 당장 크게 어쩔 수는 없지만 스케줄에 더 신경 쓰리라 다짐한다. 바쁜 삶 속에서 결국 밀려나는 것은 열정이기 때문에. 삶에 대한, 글쓰기에 대한, 다른 사람들에 대한, 하나님을 향한. 토요일 오전은 따로 떼어서 아내와 같이 밖에 나가 아침을 먹으며 이야기를 나누는 시간으로 보내고 있다. 지금까지 좋았다. 일주일 내내 기다려지는 시간이다.

"능히 너희 영혼을 구원할 바 마음에 심긴 도를 온유함으로 받으라"(약 1:21).

낯자:

모든 피조물은 하나님의 손에 의해 살아간다. 오감은 인간의 일밖에 느끼지 못한다. 그러나 믿음은 만물에 역사하시는 하나님의 일을 본다. 예수 그리스도께서 만물 안에 살아 계시며 가고 오는 세대에 그 능력을 발하사 가장 짧은 순간, 가장 작은 원자 속에도 당신의 숨은 생명과 신비의 사역을 조금씩 담아 두시는 것을 믿음은 본다. 부활 후 예수 그리스도는 변화된 모습으로 나타나셔서 당신의 정체를 알리자마자 금방 사라지심으로써 제자들을 놀라게 하셨다. 바로 그 예수님이 지금도 우리 가운데 살아 역사하셔서, 아직 믿음이 깨끗하지 못하고 강하지 못한 이들의 영혼을 놀라게 하신다. 어떤 형태의 것이든 인간의 고통과 직무와 의무 속에 하나님이 나타나시지 않는 순간은 없다. 우리에게, 우리 안에, 우리를 통해 일어나는 모든 일에는 하나님의 거룩한 뜻이 베일에 가리워져 있다. 일이 성취되는 시점까지 모르게 하사 우리를 항상 놀라게 하시려는 것이다. 우리가 그 베일을 들추고 각별한 주의를 쏟을 때 하나님은 우리에게 점점 더 당신을 계시하실 것이며, 우리는 우리에게 일어나는 모든 일과 그분의 말씀 안에서 기뻐하게 될 것이다. 무슨 일을 대하든 "주님이시다!"라고 말하게 될 것이다.

장-피에르 드 코사드,
「바로 지금 이 순간의 성례」

삶의 묵상

순간을 읽기

순간을 묵상하기

- 이 순간의 뜻을 밝혀 주는, 마음에 떠오르는 성경 구절이 있는가?

순간에 반응하기

수직 반응-기도

_____
_____
_____
_____
_____

수평 반응-행동

_____
_____
_____
_____
_____

"마리아는 무덤 밖에 서서 울고 있더니 울면서 구푸려 무덤 속을 들여다보니 흰 옷 입은 두 천사가 예수의 시체 뉘었던 곳에 하나는 머리 편에, 하나는 발 편에 앉았더라 천사들이 가로되 여자여 어찌하여 우느냐

가로되 사람이 내 주를 가져다가 어디 두었는지 내가 알지 못함이니이다 이 말을 하고 뒤로 돌이켜 예수의 서신 것을 보나 예수신 줄 알지 못하더라

예수께서 가라사대 여자여 어찌하여 울며 누구를 찾느냐

하시니

마리아는 그가 동산지기인 줄로 알고 가로되 주여 당신이 옮겨 갔거든 어디 두었는지 내게 이르소서 그리하면 내가 가져가리이다

예수께서 마리아야 하시거늘

마리아가 돌이켜 히브리 말로 랍오니여 하니(이는 선생님이라)

예수께서 이르시되 나를 만지지 말라 내가 아직 아버지께로 올라가지 못하였노라 너는 내 형제들에게 가서 이르되 내가 내 아버지 곧 너희 아버지, 내 하나님 곧 너희 하나님께로 올라간다 하라 하신대

막달라 마리아가 가서 제자들에게 내가 주를 보았다 하고 또 주께서 자기에게 이렇게 말씀하셨다 이르니라"(요 20:11-18).

예술의 순간

교회사의 일부 시기와 현대 교회의 일부 진영에서 예술은 경멸까지는 아니더라도 수상쩍은 눈초리를 받고 있다. 그러나 모든 인간 안에는 비록 더럽혀졌으나마 하나님의 형상이 있다. 더럽혀진 오점만 있는 것이 아니다. 우리의 타락성 밑에는 타락 이전의 영광스러움이 있다. 보는 눈만 있다면, 우리 모두를 뒤덮고 있는 더러운 오물 사이로 그 영광이 조금씩 반짝이고 있는 것을 볼 수 있다.

분명 예술은 수상쩍은 눈초리에 혹평까지도 받을 만한 빌미를 우리에게 충분히 제공했다. 그러나 그것만 준 것은 아니다.

예술은 우리에게 순간을 주었다.

인정받는 시나리오 작가 로버트 타운(Robert Towne)은 이렇게 말했다. "영화란 진정 두 사람 사이의 네다섯 차례의 순간에 지나지 않는다고 본다. 나머지는 다 그 순간에 힘과 울림을 주기 위해 존재하는 것이다."

우리 안에는 너무 기뻐서 춤만큼 그 기분을 잘 담아 낼 것이 없는 순간이 있다. 너무 슬퍼서 연극 외에는 어떤 것도 그 고통을 묘사할 수 없는 순간이 있다. 너무 평화로워 부드러운 음표의 리듬만이 그 느낌을 전달할 수 있는 순간이 있다. 너무 사랑스러워 섬세한 시의 필치만이 그 사랑을 깨뜨리지 않고 감쌀 수 있는 순간이 있다. 너무 찰나여서 그림의 감동으로만 오래오래 정지시켜 둘 수 있는 순간이 있다.

춤을 통해, 연극을 통해, 음악을 통해, 시를 통해, 미술을 통해 영혼은 자신을 표현한다. 열정적인 그러나 때로는 흔들리는 손으로, 예술은 영혼의 머나먼 해안을 추적하여 미지의 영역을 밝혀 낸다. 금(金)이 매장된 지점과 용(龍)이 출현하는 곳을 지도에 표시해 준다.

지도에는 인어가 보이는 곳이라 표시되어 있으나 실제로는 바위 위에서 햇볕을 쬐는 물개에 지나지 않을 수도 있다. 일사병에 걸려 잠시 착시 현상을 일으킨 선원들 눈에 인어로 보였을 뿐이다. 배가 평평한 지표면에서 추락하지 않게 하려고 지도 가장자리에 미신의 상징물을 표시해 놓은 것일 수도 있다. 지도는 무오한 것이 아니다. 그러나 방향은 분명하게 제시해 준다. 하나님을 찾는 데, 다른 사람들을 찾는 데, 그리고 때로 가장 무섭고 불확실한 일인 자신을 찾는 데, 지도는 도움이 될 수 있다.

모든 찾는 일이 그렇듯, 우리도 때로는 결국 빈손만 남거나 기껏 건진 것이 기대에 턱없이 못 미칠 수도 있다. 그러나 지도에서의 북쪽이 진짜 북쪽이거나 거기에 아주 근접한 경우가 더 많다. 지도가 우리를 집까지 데려다 주지는 못할지라도 방향을 잡는 데는 도움이 될 수 있다.

실망에도 불구하고 우리를 계속 예술로 돌아오게 하는 것은 희망이다. 손 닿지 않는 세계를 만질 수 있다는 희망뿐 아니라 그것이 나를 만져 주리라는 희망. 뭔가를 찾을 수 있다는 희망뿐 아니라 그것이 나를 찾아 줄지 모른다는 희망. 사랑할 수 있다는 희망뿐 아니라 사랑받을 수 있다는 희망.

거기서 우리를 찾는 것은 때로 하나님의 사랑이다. 연극 〈레미제라블〉을 통해서일 수도 있다. '사이먼과 가펑클'의 가슴 찡한 노랫말을 통해서일 수도 있다. 냉장고 문에 붙여 둔 크레용 그림을 통해서일 수도 있다.

이번 주에는 큰맘 먹고 시간을 내서 조금이라도 예술의 순간을 접해 보라. 식물원의 조경 예술 사이를 걸어도 좋고 음반 파는 곳에 가 헤드폰으로 새 CD를 들어도 좋다. 어디를 가든, 거기 감동을 주지 않는 순간이 있나 보라. 그리고 어느 부분에서, 왜 감동이 되는지 생각해 보라.

날짜: 1998년 1월 10일

〔연극은〕 인생의 본질을 보여 준다. 세 시간 동안 많은 것을 말해 준다. 경고하고 충고하며, 정의를 가르치고 연민을 품게 한다. 인간의 자유와 고뇌를 예찬한다. 모든 고귀한 것이 그 속으로 흘러든다. 듣는 자들이 직접 시인이 될 정도로 강렬한 동정을 불러일으킨다. 아무것도 감추지 않고 모든 동기를 분석한다. 모든 것을 알몸으로 드러낸다. 사실 연극은 모든 형태의 가르침 중 가장 솔직하고 노골적인 것이다. 도덕을 말이 아니라 행위로 보여 준다. 인생도 연극인데, 인생 역시 연극처럼 그 가르침을 무시당하는 충실한 스승이 아니고 무엇인가?

W. T. 프라이스
「연극의 기술」

삶의 묵상

순간을 읽기

영화 〈타이타닉(Titanic)〉을 보았다. 1912년 참사를 다룬 첫 영화 〈잊지 못할 밤(A Night to Remember)〉까지 비디오로 빌려다 보지 않을 수 없었다. 마음에 와 닿는 장면이 몇 있었는데, 전부 캘리포니아 호(號)와 관련된 것이었다. 타이타닉 호에서 한 시간 거리밖에 떨어져 있지 않던 배였다. 유성 불꽃과 무선 전신으로 보낸 재난 신호에 제대로 반응만 했어도 얼마든지 이쪽 배에 와 모든 사람을 구조할 수 있는 가까운 거리였다. 그러나 비참하게도, 저쪽 배에 탔던 사람들은 재난 신호를 보지도 듣지도 못했다. 그 결과 타이타닉호 승객과 승무원의 3분의 2 이상이 생명을 잃고 말았다.

순간을 묵상하기

타이타닉 호의 비극은 너무나 장엄하여 기술 문명 시대를 사는 우리 모두에게 한 편의 비유와도 같다. 비유의 중심 교훈은 분명해 보인다. 교만은 넘어짐의, 이 경우 침몰의 앞잡이라는 것이다. 환경의 정복에 대한 인간의 교만은 빙산의 경고에도 불구하고 '전속력 전진!'을 감행케 했다. 그 교만이 결국 충돌을 몰고 왔다. '침몰 불능'의 배로만 알던 그 교만 때문에 선상에 구명 보트도 충분히 싣지 않았다. 캘리포니아 호와 관련된 장면이 가르쳐 주는 교훈이 또 하나 있다. 그 배에 있던 사람들은 멀리 유성 불꽃을 보았으나 그것을 재난 신호가 아니라 축하 불꽃놀이로만 여겼다. 무전 통신수는 헤드폰을 벗은 채 잠들어 있느라 타이타닉 호의 구조 요청을 듣지 못했다. 모든 것이 내게는 주변의 재난 신호에 주의를 기울이고 반응을 보여야 함을 강조하는 것들이다.

- 이 순간의 뜻을 밝혀 주는, 마음에 떠오르는 성경 구절이 있는가?

"교만은 넘어짐의 앞잡이니라"(잠언).

"너희는 귀가 있어도 듣지 못하고 눈이 있어도 보지 못하느니라"(구약 성경 어딘가).

"주여, 우리가 어느 때에 주님이 주리거나 목마르거나 옥에 갇힌 것을 보았나이까?"(마 25장).

순간에 반응하기

수직 반응—기도

하나님, 제가 남편으로서, 아버지로서, 친구로서 제자리에서 늘 깨어 근신할 수 있도록 도와 주소서. 주변에서 발생하는 재난 신호를 잘 알아차릴 수 있게 해주소서. 빨리 듣고, 기꺼이 보고, 신속히 반응하게 도와 주소서.

수평 반응—행동

지금 내 주변에서 도와 달라고 재난 신호를 보내고 있는 사람은 누구인가?

1) 도덕적인 면에서 빙산에 충돌하여 고민하고 있는 어떤 사람이 편지를 보내 왔다. 편지로 답장할 게 아니라 전화를 걸어야겠다. 빨리. 최선을 다해 돕자.

2) 질문: 내 몸에서 재난 신호를 보내고 있는데 내가 못 보고 있지는 않은가? 수면에 다소 문제가 있다.

3) 우리 아이들 친구인 한 남자 아이의 어머니가 암으로 죽어 가고 있다. 아주 얌전한 아이라서 재난 신호에 각별히 신경을 써야 한다. 계속 그 아이를 위해 기도하자. 그 아이와 그 아이의 아버지를 도울 수 있는

길들을 생각해 보자. 우리 가족끼리 하는 일에 동참하게 하는 것, 집으로 초대하는 것 등.

"사람들아 내가 너희를 부르며 내가 인자들에게 소리를 높이노라 어리석은 자들아 너희는 명철할지니라 미련한 자들아 너희는 마음이 밝을지니라 너희는 들을지어다"(잠 8:4-5).

남자:

어떤 예술가는 자기가 자율적 영혼 세계의 창조자라 생각한다. 세상을 창조하고 거기 피조물을 살게 하는 행위 등 세상에 대한 모든 책임을 자기 어깨에 짊어진다.…

다른 예술가는 자기보다 높은 힘이 있음을 인정하고 하나님의 하늘 아래 겸손한 도제로 기쁘게 일한다. 그렇지만 자신이 쓰거나 그리는 모든 작품에 대한, 그리고 그것을 감상하는 영혼들에 대한 책임은 훨씬 무겁고 막중하다. 그래도 세상을 창조한 자나 통제하는 자는 어디까지나 그가 아니다. 세상의 기초에 대해서라면 의심의 여지가 없다. 다만 세상의 조화와 세상 속에서 인간이 하는 역할의 미추(美醜)를 남들보다 더 예리하게 감지하여 인류에게 생생히 전달하라는 뜻으로 예술가에게 세상이 주어진 것뿐이다.…

이 땅의 인류에게 예술이 존재하지 않던 시기는 고고학자들도 아직 발견하지 못하고 있다. 인류의 새벽이 동트기 전부터 우리는 아직 분명히 본 적이 없는 하나님의 손에서 예술을 받았다. '왜' 우리에게 이 선물을 주셨을까? 우리는 이 선물을 어떻게 대해야 할까?…

모든 것에 이름을 붙일 수는 없다. 말로 표현 못할 세계로 우리를 끄는 것이 있다. 예술은 차갑고 어두운 영혼에게도 따뜻한 온기를 불어넣어 깊은 영혼의 체험에 이르게 할 수 있다. 간혹 예술을 통해 우리는 이성적 사고로는 도달할 수 없는 계시를 받는다. 잠시 희미하게나마.

예술이란, 들여다보는 자에게 자신의 모습 대신 영원히 갈 수 없는 세상을 잠깐 얼핏 비쳐 준다는 한 전설의 조그만 거울 같은 것이다. 그때 우리 영혼에는 열망이 싹트기 시작한다….

알렉산드르 솔제니친(Aleksandr I. Solzhenitsyn),
"노벨상 문학 강연," *East and West*(동양과 서양)

삶의 묵상

순간을 읽기

순간을 묵상하기

- 이 순간의 뜻을 밝혀 주는, 마음에 떠오르는 성경 구절이 있는가?

순간에 반응하기

수직 반응-기도

수평 반응-행동

"여호와께서 모세에게 일러 가라사대 내가 유다 지파 훌의 손자요 우리의 아들인 브살렐을 지명하여 부르고 하나님의 신을 그에게 충만하게 하여 지혜와 총명과 지식과 여러 가지 재주로 공교한 일을 연구하여 금과 은과 놋으로 만들게 하며 보석을 깎아 물리며 나무를 새겨서 여러 가지 일을 하게 하고 내가 또 단 지파 아히사막의 아들 오홀리압을 세워 그와 함께 하게 하며 무릇 지혜로운 마음이 있는 자에게 내가 지혜를 주어 그들로 내가 네게 명한 것을 다 만들게 할지니 곧 회막과 증거궤와 그 위의 속죄소와 회막의 모든 기구와 상과 그 기구와 정금 등대와 그 모든 기구와 분향단과 번제단과 그 모든 기구와 물두멍과 그 받침과 제사직을 행할 때에 입는 공교히 짠 의복 곧 제사장 아론의 성의와 그 아들들의 옷과 관유와 성소의 향기로운 향이라 무릇 내가 네게 명한 대로 그들이 만들지니라"(출 31:1−11).

눈물의 순간

우리는 갖가지 이유로 운다. 기쁠 때, 슬플 때, 속상할 때, 화날 때, 성스러울 때, 아플 때, 다른 사람이 아픈 것을 볼 때.

눈물의 화학 성분은 다 같겠지만 그 의미는 다 다르다.

예를 들어 사전에서 'run'이라는 단어를 찾아보라. 어느 문맥에서든 철자는 똑같지만 의미는 다르다는 것을 알게 된다. 콧물이 '흐르는' 것은 은행에 예금 인출이 '쇄도하는' 것과 다르다. 그것은 다시 연어가 강을 '거슬러 오르는' 것과 다르다. 그것은 다시 야구의 '홈런'과 다르다. 그것은 다시 '보통품(run-of-the-mill)' 물건과 다르다.

발에 통조림 깡통을 떨어뜨려 나오는 눈물은 낡은 사진을 보며 사랑하는 사람을 떠올릴 때 나오는 눈물과 다르다. 그것은 다시 역전의 터치다운을 한 우리 팀에게 벌떡 일어나 환호를 보낼 때 나오는 눈물과 다르다.

눈물은 영혼의 언어이다. 모든 언어와 같이 눈물의 의미도 사전적 정의가 아니라 전후 문맥을 보아 알 수 있다. 때로 우리와 타인의 눈물의 문맥이 영혼의 깊은 추억 속에 들어 있을 수도 있다. 눈물은 우리를 지난날로 데려가 그 추억—치유나 용서나 이해가 필요한 혹은 그저 고맙게 기억해야 할 과거의 사건—에 시선을 두게 한다.

눈물이란 뭐라고 정의하기는 어려워도 언어보다 표현력이 풍부하다. 말로는 자기 모습을 감출 수 있어도 눈물 속에서는 자신을 감추기 어렵다. 눈물의 이유 속에 자신의 모습이 들어 있기 때문이다. 눈물은 커튼을 걷어 올려 우리의 진정한 자아의 정체를 드러낸다. 이제껏 부끄러운 비밀인 양 남들에게 숨겨 왔던 정체를.

눈물은 우리의 진정한 자아를 드러낼 뿐 아니라 우리의 영혼을 새롭게 하고 서로의 관계를 회복시키며, 때로는 중대한 고비에 인생의 방향을 바꿔 놓기도 한다. 눈물의 힘이란 그런 것이다.

때로는 그 힘이 하나님의 역사로 계시의 순간이 되기도 한다.

우리 자신에 대한.

다른 사람들에 대한.

심지어 하나님 자신에 대한.

날짜: 1993년 봄

언제 어떻게 터질지 아무도 모른다. 대서양의 광경 때문일 수도 있고, 한 소절 음악 때문일 수도 있고, 생면부지의 얼굴 때문일 수도 있다. 누군가의 낡은 신발 한 켤레 때문일 수도 있다. 세상에 무거운 슬픔을 드리운 제2차 세계 대전 이전에 만들어진 거의 모든 영화, 초원을 유유히 가로지르는 말, 경기가 시작되어 체육관으로 뛰어나가는 고등학교 농구팀. 언제, 어떤 일일지 모른다. 그러나 한 가지 분명한 것이 있다. 자신의 눈에 눈물, 특히 예상치 못했던 눈물이 비치거든 예의 주시해야 한다는 것이다.

눈물은 우리의 존재의 비밀을 약간 알려 주는 정도가 아니다. 하나님이 그 눈물을 통해 우리 과거의 역정을 보이시며 앞으로 영혼의 구원을 위해 나가야 할 곳으로 부르시는 경우가 허다하다.

프레더릭 부크너,
Whistling in the Dark(어둠 속의 휘파람)

삶의 묵상

순간을 읽기

딸 켈리가 남캘리포니아 주의 한 기독교 중학교를 졸업했다. 곧 고등학생 되는 것을 축하하는 뜻으로 학교 연회에 함께 갔다. 공식 행사답게 다들 정장 차림으로 와 사진도 찍고 그랬다. 모두 자리에 앉은 뒤 졸업생 중에서 한 여학생이 기도하러 마이크 앞으로 나왔다. 떨리는 듯 시작하더니 곧 목소리가 가라앉으면서 기도가 끊겼다. 그리고는 다시 시작하려 했다. 다른 사람들도 다 그랬겠지만 마음이 안타까웠다. 기도했다. "하나님, 잘 마치도록 도와 주세요." 그러나 잘 마치지 못했다. 그 학생은 마이크 앞에서 울고 만 것이다. 결국 학교측에서 다른 사람이 나와 대신 기도를 마무리했다.

순간을 묵상하기

마이크 앞의 학생에게 그 학교가 얼마나 큰 의미를 주었는지 그 순간 알 수 있었다. 기도가 끝났을 때 다른 아이들도 눈물을 닦고 있던 것으로 보아 그 학교를 다닌 모든 아이들이 마찬가지였다. 그날 저녁 그 여학생의 눈물은 이때껏 학교에서 보내 온 어떤 광고문보다도 확실하고 설득력 있는 것이었다. 모든 사랑, 우정, 교사들의 영향, 이제는 뒷전으로 해야 할 모든 놀라운 경험이 그 눈물 속에 녹아 들어 있었다. 여기가 우리 아이들에게 좋은 학교인지 한 번이라도 의심해 본 적이 있었다면, 이제 더 이상 의심하지 않는다.

- 이 순간의 뜻을 밝혀 주는, 마음에 떠오르는 성경 구절이 있는가?

  당장 생각나는 것은 없다.

순간에 반응하기

수직 반응-기도

아버지, 우리 아이들 인생의 한 시기를 맡겼던 이 학교를 인하여 감사드립니다. 모든 교사들과 직원들의 수고와 헌신을 인해 감사드립니다. 이 학교에 있는 우정과 모두가 함께 나눈 경험을 인하여, 그리고 이곳이 주님을 높이는 학교인 것을 인하여 감사드립니다. 그것을 감사드립니다.

수평 반응-행동

비록 아이들이 다른 주에서 학교를 다니고 있지만 그 학교는 그리스도를 높이는 학교이다. 그런데 나는 그것을 당연하게 여기며 감사의 표현에 게을렀다. 이번 주에는 교장 선생님께 감사의 편지를 써야겠다. 우리 아이들의 삶을 달라지게 해준 몇몇 선생님들께도.

"한 바리새인이 예수께 자기와 함께 잡수시기를 청하니 이에 바리새인의 집에 들어가 앉으셨을 때에 그 동네에 죄인인 한 여자가 있어 예수께서 바리새인의 집에 앉으셨음을 알고 향유 담은 옥합을 가지고 와서 예수의 뒤로 그 발 곁에 서서 울며 눈물로 그 발을 적시고…"(눅 7:36-38).

날짜:

눈물보다 강하고 표현이 풍부한 언어는 없다. 모든 종류의 의사 표현 중 가장 다양한 메시지를 가장 매혹적인 효과로 표현할 잠재력을 지닌 것은 눈물이다.

제프리 코틀러(Jeffrey A. Kottler),
The Language of Tears(눈물의 언어)

삶의 묵상

순간을 읽기

순간을 묵상하기

- 이 순간의 뜻을 밝혀 주는, 마음에 떠오르는 성경 구절이 있는가?

순간에 반응하기

수직 반응—기도

수평 반응—행동

"마리아가 예수 계신 곳에 와서 보이고 그 발 앞에 엎드리어 가로되 주께서 여기 계셨더면 내 오라비가 죽지 아니하였겠나이다 하더라 예수께서 그의 우는 것과 또 함께 온 유대인들의 우는 것을 보시고 심령에 통분히 여기시고 민망히 여기사 가라사대 그를 어디 두었느냐 가로되 주여 와서 보옵소서 하니 예수께서 눈물을 흘리시더라 이에 유대인들이 말하되 보라 그를 어떻게 사랑하였는가 하며"(요 11:32-36).

'묵상하는 삶'을 돕는 책

묵상하는 삶을 돕기 위해 추천할 만한 책은 많이 있다. 그러나 다음은 내가 직접 읽고 도움을 받았던 책들이다. 더 깊이 연구하기 원하거든 이 책들 중 어느 것을 출발점으로 삼아도 좋다.

Baillie, John, *A Diary of Private Prayer*, New York: Charles Scribner's Sons, 1949.

Bonhoeffer, Dietrich, *Life Together*, New York: Harper & Row, Publishers, 1954.

Buechner, Frederick, *The Sacred Journey*, San Francisco: Harper & Row, Publishers, 1982.

Buechner, Frederick, *Now and Then*, San Francisco: Harper & Row, Publishers, 1983.

Buechner, Frederick, *Telling Secrets*, San Francisco: Harper & Row, Publishers, 1991.

Buechner, Frederick, *A Room Called Remember*, San Francisco: Harper & Row, Publishers, 1984.

Buechner, Frederick, *The Clown in the Belfry*, San Francisco: HarperSanFrancisco, 1992.

Buechner, Frederick, *The Hungering Dark*, San Francisco: Harper & Row, Publishers, 1969.

Buechner, Frederick, *Listening to Your Life*, San Francisco: HarperSanFrancisco, 1992.

Buechner, Frederick, *The Magnificent Defeat*, San Francisco: Harper & Row, Publishers, 1966.

Buechner, Frederick, *Telling the Truth: The Gospel as Tragedy, Comedy, and Fairy Tale*, San Francisco: Harper & Row, Publishers, 1977.

Buechner, Frederick, *Whistling in the Dark*, San Francisco: Harper & Row, Publishers, 1988.

Buechner, Frederick, *Wishful Thinking*, San Francisco: Harper & Row, Publishers, 1973.

De Caussade, Jean-Pierre, *The Sacrament of the Present Moment*, San Francisco: HarperSanFrancisco, 1981.

Foster, Richard, *Prayer: Finding the Heart's True Home*, San Francisco: HarperSanFrancisco, 1992(「리처드 포스터 기도」, 두란노 역간).

Heschel, Abraham Joshua, *God in Search of Man: A Philosophy of Judaism*, New York: Farrar, Straus and Giroux, 1955.

Heschel, Abraham Joshua, *Man Is Not Alone: A Philosophy of Religion*, New York: Farrar, Straus and Giroux, 1951.

Holmes, Marjorie, *I've Got to Talk to Somebody, God*, New York: Doubleday and Company, 1969.

Kelly, Thomas R., *A Testament of Devotion*, New York: Harper & Brothers Publishers, 1941.

Kelsey, Morton, *Prayer & The Redwood Seed*, Rockport, Massachusetts: Element, Inc., 1991.

Kidd, Sue Monk, *When the Heart Waits*, San Francisco: Harper & Row, Publishers, 1990.

Lawrence, Brother & Laubach, Frank, *Practicing the Presence of God*, Sargent, Georgia: The SeedSowers, 1973(「하나님의 임재 연습」, 두란노 역간).

Lewis, C. S., *A Grief Observed*, New York: Bantam Books, 1976 (「슬픔의 관찰」, 보이스사 역간).

Lewis, C. S., *Letters to Malcolm: Chiefly on Prayer*, New York: Harcourt Brace Jovanovich, 1964.

Lindbergh, Anne Morrow, *Gift from the Sea*, New York: Pantheon, 1955(「바다의 선물」, 범우사 역간).

Nouwen, Henri, *Reaching Out*, New York: Doubleday, 1975(「영적 발돋움」, 두란노 역간)..

Nouwen, Henri, *Show Me the Way*, New York: Crossroad, 1994.

Nouwen, Henri, *The Way of the Heart*, San Francisco: HarperSanFrancisco, 1981(「마음의 길」, 분도출판사 역간)..

Postema, Don, *Space for God*, Grand Rapids, Michigan: Bible Way, 1983.

Rilke, Rainer Maria, *Letters to a Young Poet*, New York: W. W. Norton Company, 1962(「젊은 시인에게 보내는 편지」, 소담출판사 역간)..

Rilke, Rainer Maria, *Letters on Cézanne*, New York: Fromm International Publishing Company, 1985.

Thoreau, Henry David, *Thoreau: Walden and Other Writings*, New York: Bantam Books, 1962.

Tozer, A. W., *The Pursuit of God*, Camp Hill, Pennsylvania: Christian Publications, Inc., 1982(「하나님을 추구함」, 생명의말씀사 역간)..

Mars Hill Review — 하나님을 일깨워 주는 수필, 연구 등을 싣는 훌륭한 잡지이다.

묵상하는 영화 관람법을 돕는 책

다음은 내게 영화를 좀더 묵상하며 보도록, 그리하여 결국은 삶을 좀더 묵상하며 보도록 도움을 준 두 사람이다. 첫 번째 사람은 린다 시거(Linda Seger). 린다는 그리스도인이며 헐리우드에서 영화 대본을 자문해 주는 일을 하고 있다. 내가 *McKinney High*, 1946이라는 제목으로 쓴 영화 대본도 자문을 맡아 준 바 있다. 린다의 모든 책을 적극 추천한다.

The Art of Adaptation, New York: Henry Holt and Company, 1992.

Creating Unforgettable Characters, New York: Henry Holt and Company, 1990.

Linda Seger and Edward J. Whetmore, *From Script to Screen*, New York: Henry Holt and Company, 1994.

Making a Good Script Great, New York: Dodd, Mead & Company, 1987.

내게 영화 보기의 깊이를 더해 준 또 한 사람은 폴린 케일(Pauline Kael)이다. 폴린은 다년간 잡지 *The New Yorker*(더 뉴요커)의 영화 비평을 맡고 있는데, 거기 발표한 영화 비평이 책으로 묶여 나왔다. 폴린은 엄격한 비평가로서, 도통 영화를 좋아하는 사람 같지 않아 보이나 그 비평은 통찰력이 있으며, 연기, 감독, 각본, 조명과 무대 장치의 세부 사항까지 모든 것을 짚어 낸다. 다음은 그녀가 쓴 책 중 일부이다.

Hooked, New York: E. P. Dutton, 1989.

Movie Love, New York: Penguin Books, 1991.

Taking It All In, New York: Holt, Rinehart and Winston, 1984.

주

머리말

1. Mary Ann Evans, *Nell*, New York: Berkley Books, 1995, pp. 242-43.(「넬」, 맑은소리 역간)

1. 묵상하는 삶

1. Thomas R. Kelly, *A Testament of Devotion*, New York: Harper & Brothers, 1941, p. 115.

삶의 성스러움

1. Abraham Joshua Heschel, *Man Is Not Alone: A Philosophy of Religion*, New York: Farrar, Straus & Giroux, 1951, p. 227.
2. Abraham Joshua Heschel, *God in Search of Man: A Philosophy of Judaism*, New York: Farrar, Straus & Giroux, 1955, p. 74.
3. Ernest Thompson Seton, *The Gospel of the Redman*, London: Methuen & Co., Ltd., 1937, p. 1.
4. 같은 책, pp. 76-77.

5. 같은 책, p. 18.
6. 같은 책, p. 286.

성스러움을 보려면 걸음을 늦춰야 한다

1. Jean-Pierre De Caussade, *The Sacrament of the Present Moment*, San Francisco: HarperSanFrancisco, 1981, p. 80.
2. Abraham Joshua Heschel, *Man Is Not Alone: A Philosophy of Religion*, New York: Farrar, Straus & Giroux, 1951, p. 165.
3. Abraham Joshua Heschel, *God in Search of Man: A Philosophy of Judaism*, New York: Farrar, Straus & Giroux, 1955, p. 78.
4. Ernest Thompson Seton, *The Gospel of the Redman*, London: Methuen & Co., Ltd., 1937, p. 60.
5. Abraham J. Heschel, *Who Is Man?* Stanford, CA: Stanford University Press, 1965, p. 24.
6. Ann Tusa and John Tusa, *The Nuremberg Trial*, New York: Atheneum, 1984, p. 167.

2. 묵상하는 삶의 씨앗

1. Thomas Merton, *Seeds of Contemplation*, (도시 미상), A New Directions Book, 1949, p. 17.
2. Frederick Buechner, *A Room Called Remember*, San Francisco: Harper & Row Publishers, 1984, p. 13.

3. 묵상하는 삶의 토양

1. Andrew Murray, *Humility*, Springdale, PA: Whitaker House, 1982, p. 102.(「겸손」, 총신대학 출판부 역간)

4. 묵상하는 삶의 수분

1. Morton Kelsey, *Prayer and the Redwood Seed*, Rockport, Massachusetts: Element, 1991, pp. 49-50.
2. A. W. Tozer, *The Pursuit of God*, Camp Hill, PA: Christian Publications, Inc., 1982, pp. 80-81. (「하나님을 추구함」, 생명의말씀사 역간)
3. Geoffrey C. *The Civil War*, Ward with Ric Burns and Ken Burns, New York: Alfred A. Knopf, Inc., 1990, pp. 82-83.

5. 묵상하는 삶의 경작

1. Judith Handelsman, *Growing Myself: A Spiritual Journey Through Gardening*, New York: Dutton, 1996, pp. 129-130.

우리의 인생을 향한 하나님의 사명 선언서
1. Stephen R. Covey, *The 7 Habits of Highly Effective People*, New York: Simon & Schuster, 1989, p. 108. (「성공하는 사람들의 7가지 습관」, 김영사 역간)

영적 감각을 키워 주는 마음의 습관

1. Guigo, *The Ladder of Monks*. — Simon Tugwell, *Ways of Imperfection*(Springfield, IL.: Templegate Publishers, 1985), p. 99에 인용된 글.
2. *The Thought of Thoreau*, Edwin Way Teale 편집, New York: Dodd, Mead and Company, 1962, p. 231.
3. Ken Gire, *Windows of the Soul*, Grand Rapids, MI.: Zondervan Publishing House, 1996, pp. 27-37.

6. 묵상하는 삶의 성장

1. James Allen, *As a Man Thinketh*, (도시 미상), Fleming H. Revell Company, (연도 미상), p. 15.

성경 말씀 묵상하기

1. Richard Foster, *Celebration of Discipline*, San Francisco: Harper & Row Publishers, 1988, pp. 29-30. (「영적 훈련과 성장」, 생명의말씀사 역간)
2. Henri, J. M. Nouwen, *Reaching Out*, New York: Doubleday, 1975, pp. 35-36. (「영적 발돋움」, 두란노 역간)
3. Anne Morrow Lindbergh, *Gift from the Sea*, New York: Pantheon Books, Inc., 1955, p. 29.(「바다의 선물」, 범우사 역간.)
4. Thomas R. Kelly, *A Testament of Devotion*, New York: Harper & Brothers, 1941, p. 118.
5. Ken Gire, *Moments with the Savior*, Grand Rapids, MI.: Zondervan Publishing House, 1998, pp. 209-210.

6. Dietrich Bonhoeffer, *Life Together*, New York: Harper & Row Publishers, 1954, p. 83.

영화 묵상하기

1. Marsha Sinetar, *Reel Power: Spiritual Growth Through Film*, Ligouri, Missouri: Triumph Books, 1993, pp. 21-22.

2. C. S. Lewis, *Experiment in Criticism*, London: Cambridge University Press, 1961, p. 88.

3. "Picture Perfect," *Life*: Diana: Portraits of a Lady, November 1997, 14.

4. Michael Satchell, "Death Comes to a Living Saint," *U. S. News & World Report*, 15 September 1997, 12.

사람 묵상하기

1. Frederick Buechner, *The Magnificent Defeat*, San Francisco: Harper & Row Publishers, 1966, pp. 48-49.

2. Norman C. Habel, *For Mature Adults Only*, Philadelphia: Fortress Press, 1969, pp. 82-83.

3. Mary Murphy, "Madonna Confidential," *TV Guide*, April 11, 1998, Vol. 46, No. 15, Issue #2350, p. 21.

연극 묵상하기

1. W. T. Price, "The Technique of Drama," *Self-Culture for Young People*에 인용된 글, Andrew Sloan Draper 책임 편집, New York: Twentieth Century Self-Culture Association, Vol X, *Music, The Fine Arts, and the Drama*, 1907, p. 278.

2. Edward Behr, *The Complete Book of Les Misérables*, New York: Arcade Publishing, 1989, p. 168.
3. 같은 책, p. 168.
4. 같은 책, p. 186.
5. 같은 책, p. 191.
6. 같은 책.
7. 같은 책.
8. George MacDonald, *An Anthology*, C. S. Lewis 편집, London: Fount Paperbacks, 1946, p. 92.

7. 묵상하는 삶의 열매

1. Thomas R. Kelly, *A Testament of Devotion*, New York: Harper & Brothers, 1941, pp. 123-124.
2. *Light from Many Lamps*, Lillian Eichler Watson 편집, New York: Simon & Schuster, 1951, pp. 33-34.
3. *Thoreau: Walden and Other Writings*, Joseph Wood Krutch 편집, New York: Bantam, 1962, p. 345.
4. Norman Maclean, *A River Runs Through It and Other Stories*, Chicago: University of Chicago Press, 1976, p. 2.
5. C. S. Lewis, *The Problem of Pain*, New York: The Macmillan Company, 1962, p. 146.